VÉRITÉS

ET

PARADOXES

PAR

FRÉDÉRIC PASSY

MEMBRE DE L'INSTITUT

PARIS

LIBRAIRIE CH. DELAGRAVE

15, RUE SOUFFLOT, 15

VÉRITÉS
ET PARADOXES

PRINCIPAUX OUVRAGES DU MÊME AUTEUR

Leçons d'Économie politique, 2 vol. — Guillaumin et Cie.

Les Machines et leur influence sur le Progrès social. — Hachette et Cie.

Georges Stephenson et la Naissance des Chemins de fer. — Hachette et Cie.

L'Industrie humaine. — Hachette et Cie.

La Population. Malthus et sa Doctrine. — Hachette et Cie.

La Question de la Paix et Brochures diverses sur la guerre et la paix. — Au siège de la *Société française pour l'arbitrage entre nations* (rue de Condé, 29).

Brochures diverses : L'École de la Liberté. — Guillaumin.

Robinson et Vendredi ou la Naissance du Capital.

La Question monétaire.

Les Fables de La Fontaine.

La Liberté du Travail et les Traités de Commerce.

Discours parlementaires, etc.

VÉRITÉS

ET

PARADOXES

PAR

FRÉDÉRIC PASSY

MEMBRE DE L'INSTITUT

PARIS
LIBRAIRIE CH. DELAGRAVE
15, RUE SOUFFLOT, 15
—
1894

PRÉFACE

Montaigne parle quelque part de la piperie et jonglerie des mots, à laquelle, dit-il, les hommes se laissent prendre comme les alouettes à la piperie des miroirs.

Montaigne a raison ; et pour peu que l'on ait observé et réfléchi ; pour peu que l'on ait vu avec quelle facilité, à l'aide d'une formule creuse ou d'une formule fausse, on entraîne les imbéciles et même les gens d'esprit, on ne saurait nier que celui-là rendrait à l'humanité un service de premier ordre, qui arriverait à ramener à leur vraie signification quelques-uns de ces termes plus ou moins équivoques, avec lesquels on entraîne tour à tour, dans les directions les plus diférentes, l'honnête et crédule troupe des moutons de Panurge.

Maître Harpagon, dans *l'Avare*, voyant, au valet de son fils, de grands hauts-de-chausses propres à recéler les choses que l'on dérobe, dit plaisamment qu'il voudrait que l'on en eût fait pendre quelques-uns.

J'en dirais volontiers autant d'une foule de grands mots qui me paraissent propres à dissimuler le sens des choses qu'ils sont censé représenter. Je voudrais tout au moins qu'on se donnât la peine de les expliquer, pour dissiper le nuage dans lequel ils s'enveloppent.

Un dictionnaire, entrepris dans ce but et qui s'appelerait le dictionnaire du bon sens, serait de plus grande importance pour l'avancement économique et politique de la société, pour l'apaisement des conflits qui la divisent et la déchirent et pour la solution des questions intérieures et extérieures, que tous les livres des savants, toutes les leçons des professeurs, tous les discours des députés et sénateurs et même tous les articles des journalistes.

Inutile de dire que je n'ai pas la prétention de faire au monde ce cadeau incomparable. Je voudrais seulement, en donnant tant bien que mal quelques indications sur ce que je rêve, piquer d'émulation s'il est possible, quelque ami du sens commun qui s'ignore, et montrer combien il y aurait, pour un esprit vraiment supérieur, d'utiles travaux à entreprendre.

C'est dans ce but et sans autre ambition, que je vais essayer de ramener à leur valeur un certain nombre de ces maudits grands mots, et de faire voir, en les dépouillant de leur prestige menteur ce qu'ils signifient en réalité.

On verra du même coup à quels égarements, comme les personnages à panaches dont ils sont les favoris, ils ont conduit trop souvent les alouettes humaines.

VÉRITÉS ET PARADOXES

I

CONSTITUTION ET RÉVOLUTION

Je commence par une histoire, ou plutôt par deux histoires inséparables l'une de l'autre, qui paraîtront et qui sont, en effet, absolument ridicules. C'est, précisément, parce qu'elles sont ridicules et parce qu'elles font voir, avec le maximum de grossissement, jusqu'où peut aller la peur des mots combinée avec la bêtise humaine, qu'elles sont, à ce qu'il me semble, ma meilleure entrée en matière et la meilleure justification de mon entreprise.

C'était en 1826. Un grand personnage — l'empereur d'Autriche, s'il vous plaît, l'empereur François, celui qui avait été le beau-père et l'adversaire de Napoléon — visitait ses domaines d'Italie. Car l'Italie, à cette époque, était à peu près tout entière sous l'influence autrichienne, et ses plus riches provinces, la Lombardie, la Vénétie, étaient directement occupées par l'administration et par les troupes de l'empereur.

On ne se serait guère imaginé en ces temps qu'un jour viendrait où les couleurs des deux nations seraient étroitement unies, où leurs généraux et leurs officiers boiraient ensemble à la confraternité de leurs armes, et où cette alliance serait dirigée contre la nation que l'on appelait alors à son aide pour débarrasser le sol national des *Tedeschi*, et qui, en effet, y est allée. Mais la politique a de ces retours ; et, trop souvent, ils ne sont eux-mêmes qu'un effet de la fantasmagorie des mots.

Donc, l'empereur était en Lombardie ; et, bien qu'il n'y fût guère aimé, il ne manquait pas de gens pour l'accueillir et lui faire fête. Il y en a toujours pour faire fête aux puissants de l'heure présente, sauf à les traîner sur la claie le lendemain de leur chute.

A Lodi, parmi les produits du cru offerts au souverain, figurait de la crème du pays, de cette belle et épaisse crème que fournit le lait des vaches nourries dans les plus riches pâturages du monde. L'empereur, paraît-il, aimait la crème : pour être empereur, on n'en est pas moins homme. Il en mangea beaucoup, il en mangea trop, et il fut malade : malade au point de donner des inquiétudes ou des espérances à son entourage.

Un médecin fut appelé ; c'était celui de l'Académie, autrement dit, du collège. Il fit le nécessaire. Il remit sur pied le monarque ; et, comme ce n'était pas seulement un bon médecin, mais un brave homme, il crut pouvoir faire à son auguste malade quelque respectueuse représentation, lui faisant observer qu'il n'était plus jeune, et qu'il ferait bien de ménager sa constitution.

« Constitution[1] ! s'écria avec fureur l'empereur, qui n'était point un souverain constitutionnel. On ne prononce pas ce mot-là devant moi... » On voit, d'ici, la figure du pauvre médecin.

La chose m'avait été contée par un témoin digne de foi, le propre recteur de l'Académie (devenu, depuis, missionnaire aux États-Unis et curé en France). Et, cependant, j'avais quelque peine à y croire. Ayant eu, peu après, l'occasion de voir un des hommes les plus distingués de l'Italie, mon ami Torrigiani, — alors professeur d'économie politique à Parme, et plus tard ministre des travaux publics de la province d'Émilie et sénateur du royaume d'Italie, — je lui demandai si le fait était possible. « Parfaitement, me dit-il ; et ce n'est pas la seule réponse de cette force qui ait marqué le passage de l'empereur. »

Étant à Milan, on lui fit voir, entre autres choses, le laboratoire de physique. Le professeur, tout pénétré de son sujet, essayait assez inutilement de réveiller l'attention distraite de son auguste visiteur. Arrivé, cependant, devant un modeste assemblage de morceaux de cuivre et de zinc : « Voilà, sire, dit-il, la pile de Volta ; celle-là même dont ce grand homme s'est servi dans ses immortelles expériences. C'est avec ce modeste appareil, sire, que cet illustre savant a accompli la grande révolution qu'il a opérée dans la science. »

---

[1]. Le roi Bomba, lorsque ses sujets hurlaient devant son palais en demandant une Constitution, prit la chose bien autrement, bien que ce fût plus grave : « Oui, mes amis, leur dit-il, vous en aurez une. Vous en aurez même deux. »
Et, en effet, il leur en donna deux : la première selon leur goût, et la seconde selon son goût à lui.

L'empereur bondit, comme s'il avait été piqué par un serpent ; et, jetant sur le malheureux professeur des regards pleins de colère : « Professeur, dit-il, je ne veux pas de révolution. »

« Mais, sire, reprit l'agneau (je veux dire le professeur), que Votre Majesté ne se mette pas en colère, mais plutôt qu'elle considère qu'il s'agit de science et non pas de politique. »

« Pas plus dans la science que dans la politique ! On ne fait pas de révolution dans mon empire. »

Voilà mes histoires. J'ai dit qu'elles étaient ridicules. Cela ne les empêche pas d'être authentiques et, j'ajoute, instructives.

Combien de gens, comme l'empereur François, jugent les choses sur le nom et les gens sur l'habit. On verra, si l'on veut bien continuer avec moi cette petite revue des opinions préconçues et des impressions toutes faites, que nous n'avons peut-être pas, tous tant que nous sommes, le droit de jeter sur la tombe du pauvre empereur autant de pierres et de sarcasmes que nous serions disposés à le faire.

II

LE GRAND BANQUET DE LA NATURE

Racine, dans *Athalie,* met dans la bouche du jeune Joas ces trois vers charmants :

> Dieu laissa-t-il jamais ses enfants au besoin ?
> Aux petits des oiseaux il donne la pâture,
> Et sa bonté s'étend sur toute la nature.

Lamartine, lui aussi, dans son admirable prière d'un enfant, fait dire à Dieu par le jeune innocent qui l'implore :

> Aux dons que ta bonté mesure
> Tout l'Univers est convié ;
> Nul insecte n'est oublié
> A ce festin de la nature.
> La chèvre s'attache au cytise,
> L'agneau broute le serpolet.
> La mouche au bord du vase puise
> La blanche goutte de mon lait.

Racine et Lamartine et beaucoup d'autres, qui ont moins bien répété les mêmes choses, ont voulu rendre hommage à la puissance et à la bonté du Créateur ; ils n'ont pas prétendu qu'il fallût prendre à la lettre toutes les expressions par lesquelles ils ont traduit ce sentiment. Ils n'ignoraient pas qu'il y a des oiseaux qui meurent de faim en temps de neige, et que dans un étang trop peuplé il n'y a pas longtemps assez à manger pour tous les poissons qui l'habitent. Ils ignoraient moins encore que dans les pays primitifs où la main de l'homme n'a rien pris, mais où elle n'a rien mis, la vie est difficile, impossible même. Car il faut semer pour récolter ; et, dans l'état de nature, l'homme ne sait même pas ce qui est bon à récolter ou à semer.

Mais il ne manque pas de gens qui, non seulement prennent à la lettre le langage hyperbolique des poëtes, mais qui érigent en axiome que « la terre, sans l'intervention de la société et sans les institutions qui garantissent les formes diverses de la propriété, la terre, à l'état de libre parcours et de libre pâture, fournirait abondamment, à tous les êtres répandus sur sa surface et plus particulièrement aux hommes, de quoi suffire à leur existence. » C'est ce qu'ils appellent le grand banquet de la nature dont personne, disent-ils, n'aurait dû être exclu. « Tout est bien sortant des mains de la Nature, disait Jean-Jacques Rousseau. Tout dégénère entre les mains de l'homme. » Et pour revenir à cette perfection perdue, pour rétablir cette égalité exempte de privations et de souffrances, il demandait l'abandon de toute possession personnelle et la suppression de toutes les prétendues conquêtes de l'industrie, de la science et de l'art. Sur quoi, Voltaire lui écrivait malicieusement : « J'ai lu votre livre, mon cher philosophe. Il donne envie d'aller tout nu et de marcher à quatre pattes. Malheureusement, il y a si longtemps que nous en avons perdu l'habitude, que j'ai peur qu'il ne nous soit bien difficile de la reprendre. »

Un autre grand écrivain, M. de Lamennais, croyant porter un coup décisif aux idées d'un certain Malthus qu'il combattait, comme d'autres, sans l'avoir lu et sans l'avoir compris, a écrit les lignes que voici :

« Dieu qui a rendu la terre assez féconde pour pourvoir abondamment aux besoins de tous les êtres de l'Univers, n'a pas fait l'homme de pire condition que les animaux. Tous ne sont-ils pas conviés au riche banquet de la nature ? Un seul d'entre eux en est-il exclu ? Les plantes des champs étendent, l'une auprès de l'autre, leurs racines dans le sol qui les nourrit toutes, et toutes y croissent en paix. Aucune d'elles n'absorbe la sève d'aucune autre. »

Il faut croire que jamais M. de Lamennais n'avait vu ni un bois, ni un champ, ni un jardin, et que jamais, sous ses yeux, deux animaux ne s'étaient disputé une proie unique. Est-ce que, dans un taillis, à mesure qu'ils s'élèvent, les arbres auxquels manquent la lumière et l'air ne périssent pas étouffés par ceux qui les dominent ? Est-ce que les espèces les plus voraces ou les plus pullulantes, comme l'acacia ou l'orme, ne font pas, si l'on n'y met ordre, disparaître peu à peu les autres ? Est-ce que, dans les champs, l'ivraie ne dispute pas la nourriture au bon grain ? Est-ce que le jardinier, enfin, pour avoir de beaux légumes, de belles fleurs ou de beaux fruits, n'est pas obligé, non seulement de faire une guerre incessante à la végétation naturelle qui contrarie son œuvre, mais d'éclaircir, de tailler, de supprimer, afin de laisser aux individus qu'il conserve une place et une alimentation suffisantes ? Le banquet de la nature !

Mais c'est la lutte incessante des appétits animaux et végétaux, et pour le grand nombre — une infime minorité exceptée — la mort par inanition.

Non, l'homme n'est pas de pire condition que les animaux et les plantes. Il ne serait pas de meilleure, s'il n'avait pas en plus qu'eux la faculté de se faire sa place en leur faisant la leur, et de préparer pour eux et pour lui le repas que la nature ne leur avait point préparé.

Elle a dressé la table, cela est vrai, et, dans un arrière garde-manger, elle a emmagasiné de quoi la servir. Mais il y a fort à faire pour ouvrir le garde-manger, et davantage encore pour amener à point les produits que l'on en tire. Racines sauvages, fruits âpres et sans saveur, graminées dont, avec des siècles de labeur, on fera le froment, l'orge ou le seigle, mais qui à l'état primitif ne valent pas plus que la folle avoine ou l'herbe des prés : voilà, avec les ronces, les épines, les plantes vénéneuses et les animaux féroces ou non, qui lui disputent le droit de subsister, ce que l'homme trouve sous sa serviette, quand il n'a pas pris la peine de faire sa cuisine. « La nature, a dit très justement M. de Fontenay dans son livre sur le *Revenu foncier*, est aussi incapable de faire un grain de blé que de faire une montre. »

Il y a, à l'autre extrémité du monde, dans l'Océanie, des régions où la race européenne, la race anglo-saxonne notamment, a fondé de riches colonies. Il n'y a pas un siècle, lorsqu'il écrivait son ouvrage sur le *Principe de population*, l'homme que j'ai nommé plus haut, Malthus, affirmait, d'après tous les récits des voyageurs, que ces terres, à peine habitées par quelques sauvages réduits au dernier degré de l'abjonction et de la misère, ne pourraient jamais nourrir une population plus nombreuse.

Ces sauvages n'avaient vu personne porter atteinte à la fécondité de leur sol; ils étaient, en toute liberté, assis au banquet de la nature. Comment donc, aujourd'hui, cette même terre nourrit-elle abondamment des populations nombreuses et exigeantes ? C'est que, en réalité, c'est l'homme qui fait la terre. C'est que, par leur travail, par leurs capitaux, fruits d'un travail antérieur, par leurs connaissances, fruits de l'expérience de longs siècles, apportées avec elle du vieux sol de leur mère patrie, ces nouveaux venus ont donné au sol de leur patrie nouvelle la productivité qu'il n'avait point. C'est que, en un mot, au banquet de la nature où l'on meurt de faim, ils ont substitué la cuisine de la société qui n'est pas toujours parfaite, mais qui garnit mieux la table.

De même antérieurement, sur un autre point du globe, aux États-Unis d'Amérique. Les Indiens qui habitaient le territoire où se sont établis les premiers colons, n'en étaient plus à l'état primitif. C'étaient des tribus dont le développement intellectuel était respectable, et que peut-être les émigrants européens n'ont pas suffisamment respectées. Mais leurs procédés d'exploitation du sol étaient imparfaits. Peu d'instruments, peu d'outils, en dehors de leurs armes ou de leurs filets; peu de culture, sauf quelques maigres champs de maïs : la chasse et la pêche comme source principale d'alimentation. Il leur fallait dans cet état, au dire des voyageurs, un espace considérable, quelque chose comme une lieue carrée par tête, pour subsister. La terre pour eux était une nourrice aux mamelles taries; elle allait devenir pour des hommes armés de toutes les ressources de l'industrie et de la culture européennes, une nourrice aux mamelles gonflées de lait. Le sol épuisé pour les Iroquois et les Hurons, c'est ce sol vierge dont l'agriculture européenne redoute la concurrence et dont les partisans du régime dit protecteur essayent de détourner de nous les produits trop abondants. Le banquet de la nature : misère et inanition. Propriété, capital, machines, division du travail : abondance et sécurité.

Mais les faits en disent plus que tous les raisonnements. Un exemple individuel frappe plus, souvent, que mille considérations générales. En voici un dont je puis garantir la parfaite exactitude. C'est à mon fils qu'il est arrivé; on le trouvera peut-être concluant.

III

UN DÉJEUNER DANS LES MONTAGNES ROCHEUSES

C'était en 1883. Mon fils aîné, Paul Passy, aujourd'hui docteur ès lettres, lauréat du prix Volney et maître de conférences à l'École pratique des hautes études, alors jeune professeur de langues vivantes et grand amateur de voyages, avait eu la bonne fortune, grâce à d'obligeants intermédiaires, d'être admis dans une caravane internationale invitée par un riche Américain à parcourir, dans des conditions particulièrement avantageuses et agréables, une partie du territoire de la grande République et notamment à visiter la région extraordinaire que l'on appelle le *Parc national*. Cette région, située en majeure partie dans le territoire de Wyoming et complétée par une fraction du Montana et de l'Idaho, est, comme on commence à le savoir, un assemblage de merveilles tellement prodigieuses, que pendant longtemps les rares voyageurs qui y avaient pénétré avaient rencontré, lorsqu'ils en parlaient, l'incrédulité la plus absolue. Quiconque, disait-on couramment, a bu de l'eau de la rivière Jaune (Yellowstone : c'est le nom du principal cours d'eau de ce pays), est devenu incapable de dire la vérité. Gorges étroites et sauvages dans lesquelles se précipitent des cascades extraordinaires; coteaux boisés entourant des cirques enchanteurs; sources d'eaux bouillantes coulant à quelques mètres de ruisseaux de l'eau la plus fraîche; pics escarpés, geysers auprès desquels ceux de l'Islande ne sont rien; toutes les curiosités, toutes les étrangetés, toutes les beautés et toutes les horreurs de la nature, ailleurs dispersées sur des points différents, se trouvent ici rassemblées dans un espace relativement restreint : il semble que ce soit le rendez-vous des incompatibilités. C'est à raison de ce caractère exceptionnel que le territoire de la rivière Yellowstone a été réservé comme propriété nationale, afin de lui garder, autant que possible, son caractère primitif et d'y attirer les touristes des deux mondes.

Inutile de dire si mon jeune voyageur, passionné pour les courses libres et grand admirateur de tout ce qui n'a point reçu la toilette de la civilisation, jouissait de son séjour dans ce pays sans pareil. Il y serait volontiers resté des semaines et des mois; mais il n'était pas maître de son temps. D'une part, il devait rentrer en France pour y reprendre ses fonctions de professeur dans les premiers jours d'octobre, et d'autre part, chargé par le Ministère de l'instruction publique d'une mission (gratuite), qu'il prenait plus au sérieux qu'on ne le fait d'habitude, il avait à compléter, avant de quitter l'Amérique, les études qui lui ont permis de présenter à son retour son rapport sur l'instruction primaire aux États-Unis. Il fallait donc quitter le Parc national et se diriger vers Saint-Louis, où il avait des informations à prendre.

Il partit avec la petite troupe qui était venue faire escorte au président Hayes pendant son séjour au Parc. L'officier qui commandait cette escorte lui avait gracieusement offert un cheval et un fusil pour traverser avec lui les régions solitaires des montagnes Rocheuses. Mais on n'allait pas vite ainsi. On s'arrêtait volontiers à chasser ou à flâner, et le temps pressait. Rendant cheval et fusil et comptant sur ses jambes et sur son énergie, il se décida un beau matin à continuer la route à pied, en coupant au plus court, et à piquer droit sur Saint-Louis. Il s'était bien renseigné. Il n'y avait qu'à suivre une piste marquée par les traces de quelques chariots qui avaient passé là, on ne savait trop quand, à traverser à gué une rivière, au delà de laquelle la piste devait se retrouver, et, chemin faisant, à s'arrêter dans deux ou trois cabanes où il rencontrerait quelques provisions. Tout alla bien d'abord, trop bien même : car ayant marché trop vite et mal calculé le temps, le voyageur dépassa le point où il aurait dû traverser la rivière, passa l'eau, non sans risque, au-dessous d'un confluent et, une fois de l'autre côté, se trouva dans une solitude où, selon toute apparence, les hommes n'avaient pas l'habitude de venir. C'était dans ce que l'on appelle, à très juste titre, les mauvaises terres (*bad lands*). Il y avait bien des bisons et d'autres animaux qui auraient été un beau gibier pour un chasseur bien armé, mais il était difficile d'en faire sa proie avec un simple couteau de poche; il y avait aussi des loups des prairies qui auraient fait la leur du malheureux égaré, s'il n'avait eu par bonheur des allumettes qui lui permettaient d'enflammer le soir du cotonnier sauvage et du bois mort, et de se préserver ainsi de leurs dents, en même temps que du froid glacial de la nuit. Quant à des aliments, grains, fruits, racines: rien, absolument rien. Du cotonnier sauvage et de la sauge sauvage à discrétion; c'était tout, et il n'y avait pas moyen d'y mettre sérieusement la dent. Deux jours se passèrent ainsi en courses épuisantes et vaines, tellement épuisantes et vaines que le second soir le pauvre garçon, d'ailleurs pieusement résigné à son sort, avait tracé sur une carte postale ses derniers adieux, laissant à celui qui, par hasard, retrouverait son cadavre, le soin de les faire parvenir à sa famille.

Le troisième jour cependant, un peu rafraîchi par la nuit, il eut encore la force de se relever et de se remettre à marcher. Il allait de nouveau tomber épuisé, quand il vit quelque chose de vivant remuer devant lui. D'un coup de son bâton, il atteignit l'animal: c'était un serpent, un serpent à sonnettes, s'il vous plaît, comme il s'en aperçut lorsque, s'étant mis à le dépouiller rapidement, il arriva aux crotales de la queue. Le couper en morceaux, griller ces morceaux sur un feu allumé à la hâte et les dévorer, en trouvant que la bête était bien petite, ce fut l'affaire de quelques instants. La fortune avait changé; le serpent qui, dit-on, a perdu le genre humain, venait de sauver un homme. Un peu plus loin, il y avait des araignées de sable et des baies d'églantiers: de quoi faire un dessert varié, digne du rôti. Le soir, c'était mieux encore: une cabane dans laquelle se trouvait un peu de lard et de farine. Et vingt-quatre heures après, des hommes, des *cowboys*, gardiens farouches des immenses troupeaux qui errent dans les solitudes, ramassis d'aventuriers de toutes les nations, mais pleins de compassion pour des mésaventures auxquelles ils sont eux-mêmes exposés, donnèrent au pauvre voyageur de quoi se refaire et se reposer.

Voilà comment on vit là où l'homme n'a pas encore altéré les conditions de l'existence primitive. Banquet de la nature! Communauté des premiers jours! Égalité violée par la société propriétaire et capitaliste! Il est bien facile, en vérité, de satisfaire ceux qui réclament si bruyamment ces biens perdus.. Il n'y a qu'à les transporter, loin des inégalités sociales, sur quelques terres vierges de tout contact humain et à les placer dans leur entière liberté en face de la bonne nature; ils sauront bien vite à quel prix, dans ces conditions, elle vend ses bienfaits, ou plutôt ils sauront bien vite comment on meurt de faim, là où il n'y a ni capitaux, ni outils, ni propriétés, ni lois, où l'homme isolé, le plus faible et le plus dépourvu des animaux, est seul à lutter, avec ses dents et ses ongles, contre les mille dangers qui l'entourent.

IV

DEUX ET DEUX FONT QUATRE

Oui, en arithmétique, deux et deux font quatre, comme, en géométrie, la ligne droite est le plus court chemin d'un point à un autre. Mais dans la vie la ligne droite est souvent le chemin le plus long, parfois le chemin par lequel on n'arrive pas; et deux et deux font tantôt plus et tantôt moins que quatre.

Un voyageur, se rendant à une ville qu'il ne connaissait point, rencontre un habitant du pays, auquel il demande quelle est la route la plus courte.

« Cela dépend, répond celui-ci. Il y en a deux. L'une, plus courte, mais plus longue; l'autre, plus longue, mais plus courte : la directe, semée de fossés et de fondrières; l'indirecte, qui fait des détours pour les éviter. »

Est-ce que ce n'est pas tous les jours ainsi? Est-ce que nous avons des ailes pour aller, comme les hirondelles et les pigeons, à vol d'oiseau? Est-ce que, si devant nous se dresse un mur ou se rencontre une rivière, nous ne faisons pas un détour pour gagner le pont ou pour atteindre l'extrémité de l'obstacle? Est-ce que, dans la vie, c'est toujours en allant droit au but que l'on réussit? Et lorsqu'il s'agit de réformer un abus, de modifier une opinion, de triompher d'une résistance, ou de dissiper une prévention, n'est-on pas obligé, la plupart du temps, de s'armer de patience et de n'avancer que pas à pas? Courir et tomber, dit un proverbe populaire, ce n'est point une une avance; encore moins aller se fendre la tête contre un obstacle infranchissable, au lieu d'essayer de le tourner.

De même, quoi qu'il en semble, augmenter ses prétentions n'est pas toujours le moyen d'augmenter ses recettes. Le marchand qui baisse ses prix pour vendre davantage et se rattraper sur la quantité, le sait bien; encore qu'il ne doive pas les baisser jusqu'à ne plus rien gagner du tout. Le financier ou le ministre qui augmente les impôts pour augmenter ses recettes, et qui rencontre une moins-value au lieu d'une plus-value, devrait le savoir et ne le sait pas. Les exemples, cependant, ne manquent pas. Mais à quoi servent les exemples, et de quelle valeur est l'expérience pour ces prétendus hommes pratiques qui professent le mépris de ce qu'ils appellent des théories?

En 1804, le gouvernement anglais, à court d'argent, accroît de 20 p. 100 le droit sur le sucre. La recette tombe immédiatement de 2.778.000 livres sterling à 2.537.000; perte sèche pour le Trésor : 241.000 livres sterling; perte pour le public : tout le sucre dont il est privé, et, accessoirement, diminution de ses autres dépenses; d'où une autre perte indirecte pour le Trésor.

En 1871, M. Thiers, pour faire face aux implacables exigences de la situation, cherche partout de nouvelles sources de revenus. Il croit en trouver une dans le relèvement de la taxe des lettres, qu'il reporte de 0 fr. 15 à 0 fr. 25. Les avertissements ne lui manquent point. De toutes parts on lui dit qu'il réduira la correspondance, et qu'il ne gagnera rien à grever le public. Mais il est entêté, — ç'a été quelquefois sa grande force, quelquefois aussi sa faiblesse ; — il passe outre. La recette des postes n'augmente pas; deux et deux n'ont fait que deux. Mais la correspondance diminue dans la proportion des deux cinquièmes, et, par suite, les affaires et les autres matières imposables.

En 1891, le Parlement, sous l'inspiration de doctrines que j'apprécie ailleurs, vote un relèvement considérable des tarifs de douanes. On s'en promet une augmentation équivalente de recettes, et même on escompte cette recette dans les prévisions du budget. C'est une diminution énorme qui se produit ; et la raison en est bien simple. D'une part, élever les prix, c'est contrarier les achats. Et, d'autre part, — tout le monde le sait, mais on agit comme si on ne le savait pas, — au-dessus de 15 à 20 p. 100 de droits, la contrebande se charge de faire passer les produits en fraude ; et c'est encore autant de perdu pour le Trésor. Il est vrai que cela entretient le travail national des contrebandiers, et que cela procure aux douaniers et aux gendarmes l'occasion de tirer des coups de fusil et d'en recevoir, et à l'État la satisfaction de loger gratis, pendant un certain temps, de bons Français auxquels il a enseigné le mépris de la loi et qu'il nourrit à ses frais pour avoir profité de ses leçons.

Les faits inverses ne sont pas plus rares. Au commencement du siècle, le droit sur le café, en Angleterre, était de 1 fr. 90 ; l'impôt rendait le chiffre minime de 0 fr. 13 par tête. En 1841, on réduit le droit des deux tiers : la consommation devient vingt fois plus forte ; et l'État perçoit 1 fr. 10 par tête. En 1844, nouvelle réduction : nouvel accroissement de consommation et de recettes.

Mêmes faits pour le sucre, lorsqu'après l'avoir augmenté, on le réduit.

En 1775, Turgot réduit de moitié les droits sur la marée. La consommation double, et le produit reste le même : deux moins un font deux. Le même Turgot, en sa même qualité de contrôleur des finances, recommande la plus grande modération dans les rapports avec les contribuables ; et, dans tous les cas douteux, il se prononce contre le fisc. Il obtient immédiatement une augmentation considérable. De 10 millions la recette monte à 60 ; le reste, auparavant, allait à la fraude.

Le service des postes, dont je viens de parler, et celui des télégraphes sont, à ce point de vue, particulièrement curieux à étudier. On sait comment Rowland Hill, directeur des postes en Angleterre, fut amené à proposer la grande réforme qui porte son nom, et à faire abaisser la taxe des lettres au chiffre alors tout à fait invraisemblable de 1 penny (un peu plus de dix centimes). On sait aussi le prodigieux accroissement de correspondances qui en résulta, et les heureux effets qu'en ressentirent à la fois les relations de famille, le commerce, l'industrie, les libertés publiques et la richesse nationale.

C'est à la suite de ce mouvement, imité de proche en proche par la force des choses, que la taxe a été réduite en France à 0 fr. 25 d'abord, puis à 0 fr. 15 ; que, dans plus d'un pays, elle a été abaissée à 0 fr. 10

et à 0 fr. 05 pour la circonscription postale; et qu'enfin une Union qui comprendra bientôt le monde entier, a permis d'envoyer, au delà des océans, des lettres fermées pour 0 fr. 25 et des cartes postales pour 0 fr. 10.

Lorsque la première réforme fut accomplie en France, en 1849, le chiffre des lettres, relevé pour 1848, était de 122 millions, dont 8 p. 100 seulement affranchies. Dès cette première année, il atteignait 150 millions, et les affranchissements montaient à 15 p. 100. Dix ans après, en 1859, ils étaient de 90 p. 100 sur 260 millions; et, en 1878, sur 400 millions de lettres, 98 1/2 p. 100 étaient affranchies. En 1891, derniers chiffres officiels, les lettres affranchies étaient de 756.813.559, celles non affranchies ne s'élevaient qu'à 3.975.008, soit 5 1/4 p. 1.000. Il y avait, en outre, 45.320.392 cartes postales.

Les télégrammes n'étaient qu'au nombre de 2 millions en 1864, avant l'abaissement de la taxe; ils atteignaient 11 millions en 1878. Ils se sont élevés, en 1891, à 40.650.857.

A ce propos, un fait curieux. Le télégramme de dix mots coûtait 2 francs en Belgique. Plusieurs fois on s'était plaint de ce tarif trop élevé; mais l'administration répondait qu'elle faisait à peine ses frais, et que la moindre réduction la mettrait en déficit. Un jour, un des hommes les plus distingués de la Belgique, M. A. Couvreur, vient trouver le directeur et lui déclare qu'au nom d'une compagnie puissante, dont il lui fait connaître la composition et les ressources, il soumissionne le service à 1 franc. Après quelque hésitation, le directeur se décide à proposer au gouvernement l'adoption de ce chiffre. Six mois après, le produit était tel que, pour l'augmenter de nouveau, on réduisait de moitié la taxe et l'on adoptait le chiffre de 0 fr. 50 centimes.

Voilà des faits qui parlent clair ; et il serait aisé de les multiplier. Il me serait aussi aisé d'en tirer la morale ; j'aime mieux la faire tirer par deux grands ministres.

Aux environs de 1840, les finances anglaises étaient dans un état peu satisfaisant. Les dépenses dépassaient régulièrement les recettes ; et les journaux satiriques, comme le *Punch*, représentaient le chancelier de l'Échiquier, sir Robert Peel, une immense ligne à la main, et cherchant à pêcher un budget en équilibre qui ne se laissait pas attraper. Robert Peel, pour le faire mordre à l'hameçon, prit un grand parti : celui de réduire ses exigences. — « Nous avons, dit-il, dépassé l'extrême limite des augmentations de droit. Nous avons demandé davantage aux contribuables ; nous avons obtenu moins. Il y a des impôts, comme l'a dit Jean-Baptiste Say, qui suppriment la matière imposable ; il y en a même qui suppriment le contribuable. Nous n'avons qu'une ressource : c'est de demander moins, afin d'obtenir davantage. » Et, comme il le dit, il le fit : 700 articles furent ou supprimés ou réduits. Le budget de la Grande-Bretagne, après avoir repris son aplomb, vit les excédents remplacer les déficits.

Un autre grand ministre anglais, — très discuté comme tous ceux qui ont fait ou tenté de grandes choses, mais à qui l'on ne saurait refuser de s'être montré un maître en matière de finances, — M. Gladstone, était un jour, en 1867, reçu dans un banquet que donnait, en son honneur, la Société d'Economie politique de Paris. En réponse au discours qui lui fut adressé par le président M. Hippolyte Passy, et dans lequel, naturellement, il avait été fait allusion à la façon dont il avait dirigé les affaires de son pays : « Tout l'art d'un bon ministre des finances, dit-il, consiste à savoir dégrever, mais dégrever à propos et dans la juste mesure. » Il faut dégrever, non pour réduire le rendement des impôts, mais pour l'augmenter, en donnant aux contribuables plus de facilité à consommer et, par suite, à travailler et à produire. Ce premier résultat obtenu, il faut dégrever encore, si l'on peut en espérer la continuation ; et encore après, tant que l'intérêt du contribuable peut se concilier avec l'intérêt du fisc. Beaucoup de petites recettes valent mieux souvent qu'une grosse.

Inutile de conclure. Mais, si après tout cela on venait encore nous soutenir que deux et deux font toujours quatre, et que la ligne droite est toujours le plus court chemin d'un point à un autre, avouez, chers lecteurs, que ce serait à désespérer du bon sens de l'humanité.

V

AUJOURD'HUI EST LE PÈRE DE DEMAIN

Oh, cette fois, je ne chercherai pas querelle à la sagesse populaire ! Elle a raison, cent fois raison, quand elle nous dit, en bon français, qu'aujourd'hui est le père de demain, ou en non moins bon anglais, que l'enfant est le père de l'homme.

Chaque graine produit son fruit selon sa nature ; chaque instant, bien ou mal employé, prépare pour l'avenir des conséquences heureuses ou malheureuses ; et comme le dit encore un autre proverbe, comme on fait son lit, on se couche.

A tout cela, encore une fois, rien à dire ; et l'on ne saurait assez le répéter.

Mais il y a, à mon avis, quelque chose à y ajouter, qui semble, au premier abord, en être la contradiction, et qui n'en est, au fond, que la confirmation. C'est que, si aujourd'hui est le père de demain, demain, de son côté, est le père d'aujourd'hui. C'est que si l'on récolte selon que l'on a semé, on sème selon ce qu'on a l'espoir de récolter. La sécurité de l'avenir est la première condition du bon emploi du présent.

Considérez le laboureur! Il commence par du travail et de la dépense. Il prépare la terre, il la fume, il l'ensemence. Pourquoi prend-il cette peine et fait-il ces frais? Parce qu'il compte sur la moisson. Parce que, le jour où cette moisson sera mûre, c'est lui et non un autre qui la recueillera.

Enlevez-lui cette confiance; faites-lui craindre que, d'ici à l'époque de la moisson, son droit soit mis en question par la législation ou violé par la force; il se croisera les bras et mangera son blé, sauf à n'en pas avoir dans six mois, plutôt que de le livrer à la terre avec ses sueurs, pour que rien ne lui en revienne.

Considérez ce père de famille qui, en possession du nécessaire, assuré d'avoir de quoi vivre le restant de ses jours, continue à travailler, comme si son pain de demain en dépendait; qui, industriel, négociant, armateur, ne cesse de développer ses affaires et de répandre, par son activité, le travail et l'aisance autour de lui. Pourquoi ce labeur opiniâtre? Pourquoi cette application incessante à accroître une fortune qui, dans quelques années, dans quelques semaines peut-être, lui échappera? Parce que, derrière lui, il y a une famille à laquelle il transmettra ce qu'il aura amassé et dont le bien-être sera le résultat et la récompense de son labeur.

Otez-lui cette perspective; refusez-lui cette consolation de laisser, quand il disparaîtra, quelque chose de lui à ceux à qui il a donné la vie; et sa main s'arrêtera, sa tête cessera de chercher de nouvelles sources d'occupation et de profits; et avec lui se trouveront paralysés tous ceux que, de proche en proche, son initiative mettait en mouvement. Lui encore, c'est l'espoir du lendemain, d'un lendemain qu'il ne verra pas, mais dont il jouit par anticipation, qui l'anime et le soutient. Pour lui aussi, demain est le père d'aujourd'hui.

Et, cependant, il y a des gens qui crient contre l'héritage, et qui s'imaginent que la société gagnerait à empêcher le père, le parent, l'ami, de laisser à ses enfants, à ses proches, à ceux auxquels il veut du bien, le produit de son travail et de son économie. Il y a des gens que n'arrêtent ni l'iniquité du procédé ni le danger des conséquences.

Mais, malheureux, vous ne voyez donc pas quel coup, en brisant le ressort principal de l'activité individuelle, vous allez porter à la richesse générale? Vous ne comprenez pas qu'en interdisant à la génération actuelle de transmettre à la génération suivante les ressources accumulées par elle, vous condamnez l'humanité à un perpétuel recommencement, et vous étouffez dans sa source l'idée même du progrès?

A quoi bon songer à l'avenir, si l'avenir m'est fermé? Pourquoi tendre au delà de mes propres besoins et de mes besoins immédiats ma sollicitude et ma prévoyance, si je ne puis rien pour la satisfaction des besoins d'autrui? A quoi servira à l'octogénaire de planter, et comment, dès lors, espérer qu'il plantera, si, de ces arbres dont il ne verra pas les fruits, personne après lui ne peut être appelé à profiter? Les jeunes étourdis qui le blâment ont raison, en ce cas! Il radote! Le long avenir et les vastes pensées ne sont point faits pour lui; qu'il vive au jour le jour, en attendant l'heure prochaine où la mort viendra glacer sa main, et que derrière lui nul n'ait à le remercier d'avoir préparé l'ombre de ces rameaux et la douceur de ces fruits!

Combien plus haute, plus généreuse et plus pratique en même temps, est la philosophie de ce bon vieillard! Et combien n'a-t-il pas raison, lorsque, dans l'admirable langage que lui prête le fabuliste, il montre à la fois la fragilité de la vie individuelle et la puissance du lien qui unit les générations, le néant des égoïstes espérances personnelles et la solidité des œuvres impersonnelles :

> Tout établissement
> Vient tard et dure peu. La main des Parques blêmes
> De vos jours et des miens se joue également.
> Nos termes sont pareils par leur courte durée.
> Qui de nous des clartés de la voûte azurée
> Doit jouir le dernier? Est-il aucun moment
> Qui nous puisse assurer d'un second seulement?
> Mes arrière-neveux me devront cet ombrage.
>   Eh quoi, défendez-vous au sage
> De se donner des soins pour le plaisir d'autrui?
> Cela même est un fruit que je goûte aujourd'hui.

Quelle poésie! Mais quel bon sens dans ce langage du vieillard!

Oui, le plaisir qu'éprouveront après lui ses descendants à s'asseoir à l'ombre de ses arbres, le profit qu'ils recueilleront de leurs fruits, c'est pour lui qui ne les verra point, à cette heure même où il plante et sème, la récompense, le salaire de son travail! De quel droit le priver de ce salaire?

Oui, grâce à cette satisfaction qui lui est laissée, grâce à cette espérance dont il se paye, d'autres jouiront, lorsque le moment sera venu, de sa sollicitude et de ses efforts. Ils trouveront, parce que l'on aura pu penser à eux, la terre ensemencée, la maison bâtie, le verger en rapport, le navire construit, l'usine en marche, le travail partout demandé, et la tâche des arrivants préparée et facilitée par le labeur de leurs prédécesseurs.

L'héritage! Mais c'est par lui qu'il y a une humanité. Sans lui, il n'y aurait que des individus. L'héritage! Mais c'est grâce à lui que, rattachés les uns aux autres comme les anneaux d'une chaîne sans fin, recevant, donnant tour à tour, nous remontons dans le passé par la gratitude, nous nous étendons dans l'avenir par la prévoyance. C'est la roue du progrès. Brisez-la : tout s'arrête, tout retombe dans la primitive misère et dans la primitive incertitude de la vie au jour le jour. Plus d'épargne, plus d'avance, plus de passé, parce qu'il n'y a plus d'avenir! Il y aura peut-être encore des hommes; il n'y aura plus de société !

VI

LES DESHÉRITÉS

On parle, tous les jours, de ce que la société nous doit; on ne parle guère de ce que nous devons à la société. Il ne serait pas mal d'y penser, cependant, et, peut-être, sans nous amener à trouver que tout est pour le mieux dans le meilleur des mondes, cela nous conduirait-il à modérer quelque peu nos récriminations et nos plaintes.

« Tout homme naît débiteur, » a dit le chancelier Bacon. Tout homme, en effet, en entrant dans ce monde pour lequel il n'a encore rien fait, se trouve en face du résultat des travaux des mille et mille générations qui l'ont précédé. Elles n'ont pas toutes pensé à lui sans doute ; c'est pour lui, cependant, puisqu'il en profite, qu'elles ont travaillé. C'est pour lui que la terre a été mise en culture, que l'industrie a été développée, que les routes, les canaux, les chemins de fer, les navires à vapeur ont diminué l'espace et économisé le temps ; c'est pour lui que la chimie, la physique, l'électricité, la chirurgie et la médecine ont révélé leurs secrets et que s'est formé peu à peu, comme par une sorte de rayonnement ou d'alluvion, ce que l'on appelle, d'un mot aussi vrai qu'expressif, le patrimoine ou l'héritage commun.

Ce patrimoine commun, un des plus célèbres publicistes de ce siècle, l'un des esprits les plus hardis et les plus démocratiques qui se soient occupés des questions sociales, M. Stuart Mill, a essayé, un jour, d'en esquisser l'inventaire. L'héritage des déshérités, dit-il, mais il est partout, et il est immense. L'héritage des déshérités, mais c'est tout l'ensemble des conquêtes du travail et de la science ; ce sont les procédés matériels et ce sont les connaissances ; ce sont les découvertes réalisées et ce sont les institutions améliorées ; ce sont toutes ces choses auxquelles nous sommes tellement habitués, que nous en jouissons comme si elles avaient toujours été à la disposition de l'humanité, sans y songer. Il n'en est aucune, cependant, qui n'ait été conquise au prix d'une longue série d'efforts : nous en recueillons les fruits comme ceux de l'arbre planté par nos devanciers, sans autre peine que celle de tendre la main pour abaisser la branche qui les porte.

« Tout est le fruit du travail, » a écrit, à son tour, Laboulaye. On a travaillé avant nous. Et, s'il nous faut travailler à notre tour, nous travaillons, du moins, avec des ressources que nos prédécesseurs n'avaient pas et qu'ils nous ont léguées. Nous travaillons avec les forces accumulées de toutes les générations.

« Regardez autour de vous, dit sous une autre forme M. de Lavergne, vous n'êtes entouré que de richesses acquises. »

L'air que vous respirez a été assaini par le dessèchement de quelques marais ; l'eau que vous buvez a été transportée par des canaux ou purifiée par des procédés de filtrage ; le sol qui vous supporte a été rendu solide ; le froment qui forme votre pain est une conquête de l'homme ; la viande, qui complète votre nourriture, en est une autre ; vous êtes vêtus et logés par des procédés artificiels qui ont coûté d'innombrables séries d'efforts ; le chemin, où vous marchez, a été tracé, aplani, pavé par d'autres que vous ; vous jouissez de quelques-uns de ces biens gratuitement ; d'autres ne vous sont accordés qu'à titre onéreux ; mais aucun d'eux n'est un bien naturel, pas même ceux dont l'usage est gratuit. Pour trouver des richesses naturelles proprement dites, il faut aller dans les régions où l'homme n'a pas encore pénétré, et vous savez comment on y vit.

Nous vivons du passé, nous enrichissons le présent, et nous préparons l'avenir. Mais c'est parce que le passé nous a laissé quelque chose, que nous en pouvons vivre, et c'est à la condition de ne point dissiper ce qui nous a été ainsi légué que nous pouvons, à notre tour, laisser quelque chose derrière nous.

Pourtant, dit-on, si au lieu de rester la possession exclusive d'une famille, la fortune acquise par le travail de l'homme qui disparaît faisait retour à la société, si, chacun, en entrant dans la vie, recevait sa petite part des grosses fortunes laissées par ceux qui ont réussi, les choses n'en iraient-elles pas mieux, et ne serait-ce pas à la fois et plus avantageux et plus équitable ?

Ce serait à la fois et une iniquité et une ruine. Et c'est pour le coup que l'humanité, toute l'humanité, se verrait réellement déshéritée et condamnée à un irrémédiable et éternel dénuement.

Un homme, pendant vingt, trente, cinquante années, a travaillé et épargné pour laisser, après lui, à ses enfants une situation meilleure que celle qu'il avait eue au début de sa vie. Vous lui enlevez cette consolation et cette récompense ; vous le frustrez, au moment où il disparaît, de la partie la plus précieuse du salaire de toute sa vie. Un octogénaire plante pour laisser à ses arrière-neveux de l'ombrage et des fruits ; vous lui dites que de ces fruits et de cet ombrage ses arrière-neveux n'auront rien. Et l'octogénaire vous répond que ce ne sont pas seulement ses arrière-neveux que vous dépouillez, que c'est lui-même et que c'est vous-même aussi.

Cette perspective d'être utile à ceux qu'il laisse derrière lui, c'était la rémunération et le mobile de son travail. C'était, comme le lui fait dire La Fontaine, le fruit qu'il goûtait par avance. Il n'y peut plus prétendre ? Dès lors, à quoi bon planter ? Et chacun vivant ainsi, au jour le jour, chacun, de par la loi qui lui interdit le long espoir et les vastes pensées, devant renoncer à prendre soin d'un avenir qui n'est pas fait pour lui, les existences passent, les unes après les autres, sans laisser de reliquat utile, et sans mettre aux mains des générations nouvelles de nouvelles armes et de nouvelles ressources. C'est l'égoïsme érigé en système. C'est la vie au jour le jour. C'est l'éternel recommencement de la toile de Pénélope.

Laissez, au contraire, comme la justice le commande, s'accumuler dans la main du laborieux et de l'économe ce que, par la suppression de l'héritage, vous reverseriez incessamment dans la main percée du paresseux et de l'imprévoyant ; laissez, par la réunion des gouttes d'eau, qui se seraient dissipées sans profit pour personne, se former des ruisseaux, des réservoirs, et le souci prévoyant du père préparer à ses enfants des moyens d'action qu'il leur aurait fallu de longues années pour se procurer ; laissez les arbres grandir, les usines s'élever, les exploitations agricoles s'améliorer et s'enrichir : et vous exciterez chez le plus grand nombre de ceux qui travaillent une émulation dont, de leur vivant même, vous serez appelé à profiter. Car nul homme, on l'a fait justement observer, ne peut travailler honnêtement, ni utilement pour lui-même, sans travailler en même temps pour les autres. Si de mon champ ou de mon usine, par un redoublement d'activité ou d'intelligence, je tire un double produit, j'en profite sans doute ; mais mes contemporains en profitent aussi ; car, si je m'enrichis en versant sur le marché plus de blé, plus de laine, de vêtements ou d'outils, c'est apparemment que je mets à la disposition de mes semblables, qui me les payent, une plus grande quantité de ces objets, que je satisfais plus largement leurs besoins, et que je travaille à la fois, tout en ne songeant peut-être qu'à mon bénéfice, dans le sens de l'abondance et dans le sens du bon marché.

A plus forte raison, si, après moi, partant de plus loin, profitant de ce que j'ai fait et utilisant les résultats de mon expérience, de mon activité, de mon crédit, mon fils ou mon successeur continue à marcher dans la même voie et fait, à son tour, avancer la science, la culture, le commerce ou l'industrie.

On parle tous les jours de progrès ; mais qu'est-ce que le progrès, si ce n'est pas cette portion du résultat du travail humain qui, une fois acquise, n'a plus besoin d'être payée de nouveau et demeure, comme l'air ou le soleil, à la disposition de tous? N'est-ce pas, en d'autres termes, l'héritage universel, conséquence et glorification de l'héritage individuel? Veut-on, dit M. Modeste, dans son bel *Essai sur le paupérisme*, un moyen de toucher du doigt cette hérédité universelle? Que l'on suppose, par quelque accident heureusement impossible, l'une de nos industries, celle du verre, par exemple, subitement et complètement perdue? Combien de temps, de dépenses et d'expériences ne faudrait-il pas pour en retrouver et en reconstituer les procédés? Combien, aux époques moins avancées où ces procédés ont été découverts, n'en avait-il pas fallu? Il en est de même de toutes les autres industries; les plus simples ont exigé des efforts incalculables d'énergie, d'initiative et de patience. Chacune d'elles représente, non seulement des sommes énormes, mais des existences sans nombre mises, pour ainsi dire, bout à bout. Et à chaque pas aussi, pour chacune d'elles, il a fallu que ces existences fussent payées de leurs peines, et que le profit dépassât les frais; sans quoi, tout se serait arrêté.

Et cependant, ajoute M. Modeste, à quel prix vous procurez-vous les produits de ces industries qui ont tant coûté? Un verre coûte quinze ou vingt centimes, moins d'une heure du plus humble travail. Un mètre d'étoffe, de coton ou de laine filé, tissé et teint, par une série de travaux qui confondent l'imagination, pour lesquels il a fallu cultiver le sol, élever les animaux, tracer des routes, construire des navires, étudier l'astronomie et la mécanique, se vend couramment trois francs, deux francs, un franc et moins encore: une journée, une demi-journée, un quart de journée de salaire. C'est que si les inventeurs, les industriels, les capitalistes avaient des fils auxquels ils ont transmis, autant qu'ils l'ont pu, le reliquat de leur existence, ils avaient des frères, des cousins, des parents dont vous êtes les descendants ; et que les capitaux, les machines, la science, se souvenant mieux que vous et sans vous de ces parentés inconnues, vous ont compris d'eux-mêmes dans l'héritage. En sorte, conclut l'auteur, que ces institutions qu'on accuse si souvent d'être anti-démocratiques et anti-fraternelles, sont, au contraire, à la condition de n'être faussées ni par la fraude ni par la violence, celles qui travaillent le plus efficacement dans le sens de l'amélioration générale et nous rappellent le plus hautement notre qualité de frères.

C'est cet admirable héritage, c'est ce reliquat utile des générations et des siècles que, sous prétexte de restituer aux déshérités leur part détenue par d'autres, on leur ferait perdre sans compensation. Une fois de plus, et ce ne serait pas la première, on leur aurait fait lâcher la proie pour l'ombre.

VII

CELA NE ME REGARDE PAS : C'EST L'AFFAIRE DES BOULANGERS

Il y a longtemps, bien longtemps — (c'était en 1862, à Bordeaux, où je faisais un cours d'économie politique dont on n'a pas tout à fait perdu le souvenir) — un de mes amis, mort depuis, M. Martinelli, agronome distingué, poète aimable et grand admirateur de Bastiat, dont il a analysé et essayé de compléter les *Harmonies* en y ajoutant le tableau des perturbations, rencontre un jour un de ses voisins qui lui demande où il va. — Au cours de M. Passy, répond-il. Vous devriez y venir avec moi. Tout ce qu'il y a d'éclairé à Bordeaux y va. — Vraiment, dit l'autre. Et de quoi va-t-il parler aujourd'hui, votre économiste ? — De la liberté de la boulangerie. — La liberté de la boulangerie, riposte l'autre ; qu'est-ce que vous voulez que cela me fasse ?... c'est l'affaire des boulangers. — Pardon, faisait observer Martinelli, en racontant cette conversation dans un article charmant que je ne reproduis pas, parce que je ne sais pas trop ce qu'il est devenu, et aussi parce qu'il était trop élogieux pour moi, pardon, mon cher Monsieur, c'est votre affaire et la mienne au moins autant que celle des boulangers. Si ce sont eux qui font le pain, et s'il ne leur est pas indifférent d'être plus ou moins libres ou d'être plus ou moins taxés dans l'exercice de leur industrie, c'est nous qui le mangeons et qui le payons; et il ne nous est pas indifférent que les boulangers fassent de bon pain ou de mauvais, et le vendent à bas prix ou à prix élevé.

Or, comme il n'y a pas d'industrie dans laquelle on puisse indéfiniment travailler à perte; comme il n'y a pas d'industrie dans laquelle on ne fasse entrer dans le compte des frais de revient toutes les dépenses, toutes les pertes de temps, toutes les gênes et tous les risques qui y sont attachés, c'est sur nous que retombent toutes les charges additionnelles dont est grevée la fabrication du pain. Franklin l'a dit depuis longtemps : « Le marchand met l'impôt dans sa facture. » Il n'y met pas que l'impôt, il y met les interdictions, les limitations, les prescriptions et tout le reste.

Martinelli avait raison. Mais ce qu'il disait des boulangers, nous pouvons et nous devrions le dire de tout. Nous sommes solidaires; et le mot du poète latin : « Rien de ce qui est humain ne m'est étranger », est d'une autre vérité et d'une autre portée qu'on ne le croit, en général.

Nous laissons autour de nous, faute de daigner abaisser nos regards jusque-là, des cloaques impurs empester quelques demeures malsaines où grouille une population chétive. Nous aurons beau, dans notre demeure, observer toutes les lois de la propreté et de l'hygiène ; avec le parfum des fleurs qui orneront nos parterres, l'air vicié pénétrera par les fenêtres et par les portes; et la maladie, semée là-bas, viendra éclater ici.

Nous aimerons la tranquillité et la paix, nous songerons à travailler honnêtement et à jouir sans trouble du fruit de notre travail; mais, autour de nous, sans que nous daignions nous en préoccuper, la dissipation, le vice, la débauche, étendront leurs ravages; les idées fausses et les passions mauvaises enfièvreront les esprits et pénétreront les cœurs; et un beau jour, le désordre de la rue, l'émeute, la révolution gronderont autour de nous; notre industrie sera compromise, notre fortune réduite, notre demeure peut-être envahie et notre existence menacée.

On votera, dans les endroits où l'on vote ces choses, des lois qui auront pour effet d'interdire ou de grever de droits l'entrée des aliments, celle des outils ou des étoffes; et nous laisserons faire, en disant que cela ne nous regarde pas, que c'est l'affaire des agriculteurs, des manufacturiers ou des maîtres de forges. Et nous payerons notre pain plus cher, nous serons plus mal nourris, plus mal vêtus, plus mal outillés, plus pauvres, et finalement, un beau jour, plus mécontents. Tant pis pour nous: nous l'aurons voulu; nous n'aurons que ce que nous aurons mérité.

Non, ce n'est pas l'affaire des boulangers, des filateurs, des maîtres de forges ou des cultivateurs. Non, ce n'est pas l'affaire des députés qui font les lois et des gouvernements qui les appliquent. C'est notre affaire à tous, contribuables et consommateurs. C'est nous qui payons; c'est à nous de veiller au grain et à la bourse.

VIII

LES INTERMÉDIAIRES

A bas les intermédiaires ! Il faut supprimer les intermédiaires ! Ce sont des parasites, qui vivent aux dépens des producteurs, des frelons, qui, incapables de faire du miel, se nourrissent de celui que fabriquent les abeilles !

Qui n'a entendu ces doléances et bien d'autres ? Et combien de fois ne nous a-t-on pas mis sous les yeux, pour les justifier, la différence parfois considérable, énorme — cela est incontestable — qui existe entre le prix de revient, le prix de vente en gros et le prix de vente au détail.

Qu'il y ait, dans certains cas, peut-être dans beaucoup de cas, des intermédiaires inutiles ; que certains d'entre eux, d'une façon ou d'une autre, arrivent à faire payer leur intervention plus cher qu'elle ne vaut, et renchérissent ainsi le produit, tout à la fois au détriment du consommateur, qui achète moins, et au détriment du producteur, qui ne vend pas autant : je ne le nie point et j'applaudis d'avance à toutes les mesures qui pourront être prises, à toutes les combinaisons qui pourront être imaginées pour réduire cet écart et rapprocher la production de la consommation.

Mais que, pour réaliser ce progrès, pour diminuer les frais et ramener au minimum le bénéfice que tout objet doit laisser aux mains de celui qui le livre à la circulation, il n'y ait rien de mieux à faire que de supprimer tout intermédiaire entre producteurs et consommateurs, c'est-à-dire tout simplement d'anéantir le commerce et de nous envoyer chercher sur place l'eau que nous buvons, les aliments dont nous faisons notre nourriture, les vêtements qui nous couvrent et les outils qui arment nos mains ; que tout intermédiaire, en un mot, par cela seul qu'il s'interpose entre l'acheteur et le vendeur, leur soit onéreux : c'est ce que je nie absolument, et ce que je m'étonne qu'on ait eu l'impudence de dire et la naïveté de croire.

L'absence d'intermédiaire et le rapport direct entre celui qui a besoin d'un service et celui qui le lui rend, *le troc simple*, pour l'appeler par son nom, mais c'est l'enfance de l'art !

Et c'est par là, en effet, que l'échange a commencé. Si j'ai besoin de blé et que je sache où il y en a, il est naturel que j'aille vers ce blé. Mon estomac leur en donnant l'ordre, mes jambes, à moins que la distance ne soit trop longue, ne manqueront pas de faire le voyage. C'est ce que nous voyons dans l'histoire de Jacob. Le blé fait défaut dans son pays, mais il est abondant en Egypte ; le patriache envoie ses enfants avec des ânes et des sacs en chercher dans la terre des Pharaons.

Pourquoi n'en faisons-nous pas encore autant ?

Pourquoi, gens de la ville, n'allons-nous pas chacun

pour notre compte, acheter directement du blé chez le cultivateur, ou de la farine, bien que ce soit déjà s'éloigner du point de départ, chez le meunier ?

Pourquoi, gens du Nord, n'allons-nous pas, si nous voulons du vin pour notre table, le prendre nous-mêmes chez le propriétaire ou le vigneron de la Gironde, de la Côte-d'Or et de l'Hérault ?

Pourquoi, si nous avons besoin de cacao, de café, d'épices, ne traversons-nous pas les mers pour nous procurer sur place et de première main ces divers objets ?

Tout simplement parce que, de toutes les manières de pourvoir à nos besoins, ce serait la plus onéreuse et la plus désavantageuse. Tellement onéreuse et tellement désavantageuse que, dans la plupart des cas, dans presque tous, elle équivaudrait à une impossibilité absolue. En prétendant se passer d'intermédiaires, on se serait condamné à des pertes de temps, à des dépenses, à des fatigues, à des erreurs qui dépasseraient de beaucoup l'utilité à retirer de l'objet ainsi obtenu.

Encore n'est-il point exact qu'à agir de cette façon on se passât réellement d'intermédiaire ? A moins d'aller à pied, ou avec son cheval, en emportant avec soi de quoi boire et de quoi manger ; à moins de traverser la mer à la nage, ou sur un radeau fait de ses mains, il faudrait bien demander et payer le logement, la nourriture, le passage, et, par conséquent, rétribuer les services intermédiaires de toute une foule de personnes, sans lesquelles on ne saurait arriver à destination.

On les paye ces services, et peut-être bien d'autres ; mais on les paye à bien moindre prix, et l'on en profite bien plus largement, grâce à l'intervention du commerce.

C'est d'abord un homme qui, allant pour son compte faire un achat à quelque distance, en fait un par la même occasion pour son voisin. Même résultat, peine moitié moindre. Au lieu de deux qui s'entendent ainsi, il peut y en avoir dix, vingt, si la nature des objets demandés le comporte; et la réduction des frais est en conséquence. Puis, ce sera un autre homme ou le même qui, répétant ce qu'il a fait d'abord par hasard, transformant en profession ce qui n'était, au début, qu'un service d'obligeance, se fera le commissionnaire habituel et rétribué d'une partie de son entourage. Plus tard, au lieu d'attendre les ordres et de les rassembler, il ira au-devant des besoins qu'il aura prévus, se fera, grâce à des connaissances spéciales, le pourvoyeur de telle ou telle partie du marché; et le commissionnaire pour le compte d'autrui deviendra commerçant pour son propre compte. Et peu à peu, comme à chacune de ces transformations correspondra une diminution de frais et de charges, comme, de proche en proche, des régions plus éloignées pourront être mises en relation, des marchés nouveaux ouverts, des productions nouvelles sollicitées, le commerce, de proche en proche, embrassera le monde local, provincial, national, international, en gros, en demi-gros, en détail. Il étendra partout ses mains pour recevoir et pour donner, pour tirer du dehors et pour expédier au dehors, pour importer et pour exporter, pour vendre et pour acheter. Et les produits, c'est-à-dire les services au moyen desquels on les obtient, circuleront, comme le sang dans l'organisme humain, à travers le grand corps de l'humanité, portant avec eux la vie et le bien-être.

Voilà le rôle du commerce. Voilà le rôle et l'utilité des intermédiaires.

Il s'est trouvé des gens — je ne veux ni les nommer, ni les qualifier — pour dire que le commerce ne produit rien !

Mais faire pousser le blé dans les plaines de la Beauce, le coton sur les côtes de la Géorgie ou de la Louisiane, le cacao à Caracas ou à Guayaquil, à la portée des seuls habitants de ces régions ; ou les y prendre pour les mettre à la portée de mes mains qui ne sauraient les atteindre sur place, est-ce que ce n'est pas pour moi exactement la même chose ? Que m'importe que les choses existent, si je l'ignore ou si je ne puis me les procurer. Les *produire*, c'est, suivant le sens même du mot, les amener devant moi, les mettre à ma disposition. Ingénieurs, mineurs, agriculteurs, manufacturiers, transporteurs ou commerçants, tous, à des degrés divers et sous des formes diverses, sont des anneaux de la grande chaîne, de la chaîne sans fin par laquelle, comme par ces chapelets de godets qui montent l'eau des entrailles de la terre, nous puisons dans le grand réservoir de la nature les ressources qui y ont été déposées pour nous. Tous, les uns par rapport aux autres, sont des intermédiaires, tour à tour servis et serviteurs.

Donc, une fois encore, secouons le joug de ces préventions injustifiées ; et ne nous laissons plus prendre à la sotte peur des mots. De deux choses l'une. Où l'intermédiaire dont vous vous plaignez est utile, ou il ne l'est pas ; ou vous pouvez vous passer de lui, ou il vous en coûterait plus cher de renoncer à ses services ; ou la façon dont fonctionne le mécanisme de l'échange est défectueuse, compliquée, comme les vieilles machines de nos pères, de rouages inutiles et de lourds frottements ; ou elle est simple, facile, dégagée autant qu'il est possible de complications et de pertes de force. Dans le premier cas, perfectionnez l'instrument, ne le brisez pas ; dans le second estimez-vous heureux de n'avoir pas même ces réformes à faire.

Un mot encore. Quand vous serez tenté de médire des intermédiaires, demandez-vous s'ils vous sont imposés, ou si c'est librement que vous avez recours à eux. Il est des cas dans lesquels vous n'êtes point maître de faire ce que vous voulez, ni de vous adresser à qui il vous plaît. Il y avait autrefois des seigneurs, des rois même, qui obligeaient leurs serfs et leurs sujets à faire moudre leur grain à leur moulin, à faire cuire leur pain à leur four, à porter leurs vendanges à leur pressoir et à acheter leur vin à leur boutique. On appelait cela des droits féodaux, et l'on est généralement d'accord que la Révolution française a bien fait de les abolir. Il y avait aussi des privilèges de métier. L'on n'avait pas le droit, pour n'en citer qu'un ou deux, de se faire chausser, habiller, coiffer ou raser comme on voulait et par qui on voulait. La Révolution encore a aboli ces privilèges, et elle a bien fait.

Elle ne les a pas tous abolis. Il y a aujourd'hui des gens sans l'intervention desquels on ne peut passer un acte, vendre ou acheter une valeur, prendre une potion ou se faire préparer un cataplasme. Il y en a aussi, et la chose est plus grave, à la boutique ou à la manufacture desquels, sous peine de payer une grosse amende dissimulée sous le nom de droit de douane, on est contraint de s'adresser. Autant d'intermédiaires obligés et, par conséquent, illégitimes.

Parasites dès lors, si vous voulez, puisqu'ils vivent à nos dépens, malgré nous, au moins sans notre consentement. Pas tous également condamnables cependant. Je supporterais encore assez volontiers les premiers si l'on voulait me débarrasser des derniers. Ceux-ci, chers lecteurs, je vous les abandonne. Faites-leur leur procès ; je vous y aiderai, si je le puis.

Mais de ceux à la porte desquels vous allez frapper spontanément, pourquoi vous plaindre ? Vous payez la mercerie deux ou trois fois plus cher chez le détaillant que chez le fabricant ! Qui vous empêche de vous adresser au fabricant ? La quincaillerie, l'ébénisterie, la faïence, la cristallerie, sont plus chères chez le marchand de votre quartier ou de votre rue qu'au faubourg Saint-Antoine ou à l'usine ! Allez les chercher à l'usine ou au faubourg.

« Mais cela me prendrait du temps, me répondrez-vous. Et je n'en ai pas à perdre. Je me tromperais peut-être de maison, je reviendrais sans avoir trouvé ce qu'il me faut, ou je me ferais tromper par des gens pour qui je ne serais qu'un client de passage. Chez le marchand du coin, j'ai tout sous la main : je n'ai qu'à choisir ; et, si je ne trouve pas, il fera venir pour moi. Je suis un habitué, il me connaît, il tient à conserver ma pratique. Pas de perte de temps, pas de risques, pas de désagrément. Il me fait payer tout cela un peu cher ; mais je perdrais gros, sauf certains cas exceptionnels, à vouloir me passer de lui. »

Vous avez raison, cher lecteur ; et vous ne faites pas comme la paysanne qui, pour vendre son beurre et ses œufs deux sous de plus, au marché de la ville, fait huit ou dix kilomètres, use ses souliers, s'expose à la pluie ou au soleil, et laisse sa maison et son étable à l'abandon pendant une demi-journée. Mais alors ne criez point contre les intermédiaires ; et, à la seule condition qu'ils soient libres et librement acceptés, reconnaissez qu'ils sont un des rouages nécessaires du mécanisme social.

IX

QUAND LE BATIMENT VA, TOUT VA

Je ne voudrais pas m'inscrire en faux trop légèrement contre cet aphorisme. Il faisait, comme je l'ai rappelé, le bonheur de mon ancien collègue et ami, Martin Nadaud, maçon de son métier (je le dis à son honneur) avant d'être publiciste et député ; et je serais désolé de contrister l'âme d'un si brave homme.

Donc, quand le bâtiment va, tout va; c'est entendu. Des maçons sur leur échelle et des couvreurs sur les toits : c'est le beau fixe du baromètre de la prospérité publique.

Et que faut-il conclure de là ?

Mais la conséquence est claire, disent les gens qui sont du bâtiment. Il faut bâtir, bâtir beaucoup, bâtir toujours. Il faut que les particuliers qui ont des capitaux disponibles, les transforment en constructions. Et il faut que l'État, les communes et les départements, lorsque l'activité des constructeurs vient à se ralentir, la stimulent par des encouragements, des subventions et des votes de travaux publics.

C'est ici que nous cessons de nous entendre. Si

j'admets jusqu'à un certain point la prémisse, je nie absolument la conséquence.

Quand le bâtiment va, tout va ; et vous en concluez que pour faire tout aller, il faut faire aller le bâtiment. — Je dis, moi, que, pour que le bâtiment aille, il faut que tout aille. — Ce n'est point la cause, c'est l'effet. Les affaires marchent bien, le commerce et l'industrie sont prospères, l'agriculture a donné de bons rendements, l'argent abonde : on fait construire. Celui-ci développe ses bâtiments d'exploitation ; celui-là installe une usine ; cet autre répare et embellit sa maison, ou même s'en paye une nouvelle. Rien de mieux, et il n'y a qu'à s'en féliciter.

Les affaires, au contraire, sont languissantes, l'agriculture souffre, l'industrie et le commerce traversent une période difficile ; il y a du malaise et de l'inquiétude ; chacun se sent atteint ou menacé ; chacun, bon gré, mal gré, restreint ses dépenses et serre les cordons de sa bourse. On n'appelle pas le peintre dans ses appartements. On ne fait à l'extérieur de ses bâtiments que l'indispensable. On s'abstient surtout de faire de nouvelles constructions dans lesquelles on craindrait d'engloutir en pure perte ses capitaux. — Qu'y voulez-vous faire ? Et ne voyez-vous pas que c'est un temps d'arrêt inévitable, quelque pénible qu'il puisse être d'ailleurs. — Vous vous imaginez qu'en appelant sur les chantiers plus d'ouvriers du bâtiment, vous allez remédier au mal ? Mais l'argent que vous prétendez employer à rendre, à leur industrie momentanément arrêtée, une activité factice, où pouvez-vous le prendre ? Dans la bourse du cultivateur gêné, du commerçant embarrassé, du fabricant qui ne vend point, du particulier dont les revenus sont amoindris? Vous ne ferez qu'accroître le mal et aggraver la crise. C'est comme si vous disiez : Quand on a bon appétit, c'est qu'on se porte bien. Donc, quand vous ne vous portez pas bien, mangez beaucoup ; cela vous remettra sur pied. Quand l'estomac est malade, il faut le laisser reposer. Quand une industrie souffre, que ce soit celle du bâtiment ou une autre, il faut attendre que les capitaux qui lui font défaut se reforment, que la confiance renaisse, que la demande provoque l'offre.

Oui, quand le bâtiment va, tout va, si c'est tout naturellement et par le libre essor de la prospérité générale que se développe la prospérité du bâtiment. Mais prétendre développer la prospérité générale en développant artificiellement l'industrie du bâtiment, c'est tout simplement, comme je l'ai dit, prendre l'effet pour la cause. C'est imiter la naïveté de cet homme qui, pour emplir un tonneau, tirait en bas le liquide qu'il reversait en haut. C'est faire pis encore. C'est imiter la folie de l'imprudent qui, pour élever un édifice, arracherait aux fondations les matériaux qu'il ajouterait aux étages supérieurs.

X

LES ACCAPAREURS

Dans son charmant livre *Paris en Amérique*, Laboulaye raconte l'anecdote suivante :

Un quaker, de ceux qui ont la paix sur les lèvres plutôt que dans le cœur, reçoit tout à coup, au moment où il la désirait le moins, la visite d'un gros chien, parfaitement inoffensif au fond, mais quelque peu turbulent. Furieux d'être dérangé, peut-être aussi légèrement effrayé, notre homme veut se venger de l'importun. Mais comment faire ? Ses principes religieux lui interdisent tout acte de violence. Qu'à cela ne tienne : il est avec les principes des accommodements, et M. Tartuffe est de toutes les religions, voire de toutes les irréligions.

« Je ne lèverai pas la main sur toi, vilaine bête, lui dit-il. Je ne te jetterai pas de pierres et ne te donnerai pas de coups de bâton ; pour toute vengeance, je te donnerai un vilain nom. » Et, mettant ses mains à sa bouche pour donner plus de portée à sa voix, il se met à crier derrière la malheureuse bête, qui s'en va tranquillement : « Chien enragé, chien enragé. » Avant d'avoir atteint le bout de la rue, l'animal avait succombé sous les coups des voisins épouvantés.

Ce n'est pas aux chiens seulement qu'il suffit de donner un vilain nom pour leur faire un mauvais parti.

Traitez, à certaines époques, un homme de clérical ou de jésuite; à d'autres, d'athée, de libre-penseur ou de franc-maçon; dénoncez celui-ci comme vendu à l'influence de l'Angleterre, celui-là comme aristocrate, cet autre comme anarchiste; appelez-le, suivant les lieux ou les temps, blanc ou bleu, mauvais chouan ou brigand de la Loire, économiste sans entrailles, partisan de l'abominable doctrine du *laissez-faire*, exploiteur du pauvre affamé, accapareur; et cela suffira pour attirer sur sa tête, tantôt l'animadversion publique, la haine, les injures; tantôt, si les temps sont troublés et les passions déchaînées, les mauvais traitements, les violences, la mort même. Il n'en fallait pas davantage, il n'en fallait pas tant, il y a précisément un siècle, pour envoyer à l'échafaud, comme André Chénier, des gens qui n'y avaient pas les mêmes titres que lui. On a vu de simples citoyens, de pauvres paysannes, n'ayant jamais songé à la politique et ne connaissant pas la loi du maximum, guillotinés pour avoir eu chez eux quelques mesures de blé ou de pommes de terre ou quelques demi-douzaines d'œufs. Ils avaient commis, les malheureux, le crime d'accaparement, en soustrayant au peuple affamé des objets d'alimentation.

Arrêtons-nous un moment sur ce mot d'*accaparement*, puisqu'aussi bien il est de ceux qui ont eu, dans toute notre histoire, le plus vilain renom, et qu'aujourd'hui encore il soulève presque inévitablement les plus vives préventions.

C'est particulièrement en matière de subsistances,

de blé surtout, que ces préventions se sont, de tout temps, manifestées. Garder ses blés dans son grenier quand on est cultivateur, avec la pensée de les vendre plus avantageusement plus tard ; en acheter quand on est commerçant et les emmagasiner au lieu de les porter immédiatement au marché ; en envoyer d'une localité dans une autre surtout ; chercher à gagner sur cette marchandise, en un mot, comme on cherche à gagner sur toutes les autres : c'est, aux yeux de beaucoup, faire une chose abominable, spéculer sur la faim et sur la misère. Et ce n'est pas toujours la foule ignorante, qui souffre de la rareté et du haut prix ; ce sont souvent des hommes à d'autres égards éclairés : des magistrats, des ecclésiastiques, des fonctionnaires, qui professent ces idées. Je me souviens d'un ancien conseiller ou procureur général qui, en 1854, s'indignait à la pensée qu'on eût pu lui offrir de prendre part à une opération destinée à faire venir du blé de Russie ou d'Amérique, comme si on lui avait proposé de s'associer à une tentative d'empoisonnement ou d'assassinat en grand.

Il s'agissait pourtant, dans ce cas, de contribuer à préserver la vie de ses compatriotes, en faisant venir du dehors une partie des aliments qui leur manquaient. Mais le préjugé est si fort que, dès qu'il est question de blé, on ne raisonne plus.

Il faut raisonner, comme disait Bourdaloue lui-même à ces prétendus croyants qui ont peur de se rendre compte de leur foi et de ses fondements. Il faut raisonner sous peine d'être déraisonnable. Et ceux-là sont singulièrement déraisonnables, qui ne se donnent pas la peine de se demander comment il se fait que, bon an, mal an, avec plus ou moins de peine et en payant plus ou moins cher, nous arrivions à manger du pain tous les jours, depuis la récolte passée jusqu'à la récolte prochaine.

Car, enfin, c'est une marchandise qui ne se fabrique pas en toute saison que le blé. Il ne se produit, dans notre pays et dans la plupart des autres, qu'une fois par an. Et, une fois produit, il est impossible d'y ajouter un grain. Il faut, de toute nécessité, ou que la consommation en soit réglée et répartie sur tout l'ensemble du territoire et sur la longue suite des jours et des semaines, de façon à en conserver jusque pour la dernière heure ; où que l'on meure de faim.

Quel est donc le merveilleux mécanisme qui fera, sans erreur, cette répartition délicate ?

Quel administrateur, doué d'une clairvoyance infaillible et d'une puissance irrésistible, saura dire à chacun, à chaque instant, s'il doit restreindre sa consommation ou l'élargir, et faire respecter, par l'innombrable multitude des parties prenantes, ce rationnement indispensable ? L'autorité qui essayerait de remplir une telle tâche, commettrait, inévitablement, les plus grosses bévues (j'en donnerai, dans un autre chapitre, quelques exemples), et se briserait fatalement contre les plus insurmontables résistances.

Eh bien, ce que nulle autorité ne peut faire, ce que nul gouvernement n'oserait essayer, ce qui, tout au plus dans des circonstances exceptionnelles, sur un navire en détresse, dans une ville assiégée, peut être momentanément imposé par la claire vue du péril imminent, il y a une puissance qui le fait, à toute heure, en tous lieux, pour tout le monde, sans autre pression que la douce, mais irrésistible influence de la différence des prix. Cette puissance, c'est celle du commerce ou, comme l'on dit dans la langue économique, la loi de l'offre et de la demande. Quand les prix sont bas, on consomme davantage; quand ils sont élevés, on consomme moins. Si, en présence d'une récolte ordinaire, à plus forte raison en présence d'une récolte médiocre ou mauvaise, les prix, par suite de fausses mesures administratives, ne s'élèvent point, si, au contraire, ils sont artificiellement abaissés, on se laisse aller à dépasser la mesure, et, plus tard, le déficit arrive; avec lui, les prix excessifs et bien autrement douloureux.

Au contraire, qu'une hausse légère se produise : le public, averti, modère ses consommations, les détenteurs de grains veillent avec plus de soin à les conserver ; les qualités inférieures, en d'autres temps livrées aux animaux ou à la distillation, sont réservées pour la nourriture des hommes. Et, non sans quelque difficulté, mais sans disette proprement dite, sans grande souffrance, la mauvaise période est franchie.

Cherté foisonne, dit un proverbe vulgaire. « Il n'est pas de récolte si abondante qui, gaspillée, ne puisse aboutir à la famine, a dit Adam Smith; il n'en est pas de si médiocre qui, bien ménagée, ne puisse suffire. »

Cela était vrai dans les siècles antérieurs aux nôtres, du moins depuis que des moyens de communication plus faciles ont permis aux localités voisines de s'assister les unes les autres. Car ce n'est pas seulement dans les temps, c'est dans l'espace, que la récolte produite inégalement, suivant les lieux, doit être répartie. Cela est vrai, surtout et mille fois davantage, depuis que les chemins de fer, la navigation à vapeur et les télégraphes ont mis en rapport, non plus seulement les diverses parties de chaque pays, mais les divers pays entre eux, et fait, du monde entier, un marché unique, constamment ouvert au commerce universel. Et voilà pourquoi encore toutes les mesures restrictives du commerce sont des mesures qui vont à l'encontre du bien-être général, et tendent à contrarier artificiellement ce nivellement des besoins et des ressources, qui constitue, pour l'ensemble de l'espèce humaine, une véritable assurance mutuelle.

Or, à quelles conditions ce nivellement peut-il se produire ? A quelles conditions se trouvera-t-il des hommes pour prendre la peine, parfois fort grande, de garder du blé du mois d'août pour des gens qui auront faim en mai, en juin ou en juillet, c'est-à-dire, de le défendre contre les rats et les oiseaux, contre les charançons, contre l'échauffement, de le remuer, de l'aérer, de le pelleter : toutes choses qui, intérêt du capital et inévitable déchet compris, représentent 15 à 16 0/0 ?

A quelles conditions d'autres prendront-ils la peine, non moins grande, de se tenir au courant des quantités produites sur les points les plus divers, de comparer les ressources de ceux-ci avec les besoins de ceux-là, de construire des navires ou d'en affréter, de calculer les frais de douane, de transport, d'assurance et le reste, et de distribuer, directement ou indirectement, en gros, en demi-gros ou en détail, cette manne partout attendue, c'est-à-dire de verser la vie aux bouches qui la réclament? A une condition tout au moins, c'est que cela ne leur sera pas interdit. C'est que se faire le pourvoyeur de la faim de ses semblables, ne sera pas s'exposer à être traité d'affameur, et, comme tel, emprisonné par les magistrats, pendu par la populace ou brûlé avec sa marchandise : moyen original, on en conviendra, de diminuer la cherté en accroissant le déficit et en faisant déserter le marché.

On a appelé accaparement, à diverses époques et dans divers pays, en Angleterre notamment, le seul fait d'acheter du blé pour le revendre, ou simplement d'en garder chez soi au delà d'un certain nombre de jours. On interdisait aux cultivateurs en France, au siècle dernier, de vendre ailleurs que sur le marché le plus voisin ; on leur enjoignait de l'y porter eux-mêmes avec leurs propres chevaux et voitures. Et, une fois sur le marché, défense leur était faite de l'en rapporter : quel que fût le prix, il fallait l'y laisser. On a demandé en Belgique, il n'y a que quelques dizaines d'années, que cette prescription fût appliqué à toutes les denrées d'alimentation, et qu'il ne fût permis à personne d'en garder plus de huit jours. Assurément, avec de telles mesures, on aurait facilement raison des accapareurs et de l'accaparement. Mais on aurait raison du même coup, je ne dirai point du commerce, mais des consommateurs. « Vous me dites d'apporter mon blé au marché, si je l'ose, écrit Franklin, pour que vous me l'achetiez à vil prix ou que vous me le preniez pour rien. Fort bien. Autant le garder pour nourrir les rats et en multiplier l'espèce ; ils ne m'en auront pas moins de reconnaissance que les gens habituellement nourris par moi. » Vous voulez absolument, pour activer la circulation et accroître l'abondance, que tout soit livré à la consommation aussitôt produit, vous répondront les marchands auxquels vous interdisez de faire des approvisionnements et de choisir leur moment. Fort bien. Voilà nos magasins vides, vos estomacs le seront bientôt. Car où diable voulez-vous que nous puisions de quoi les satisfaire, lorsque, suivant vos ordres, tous les approvisionnements existants auront été, dans les huit jours, versés sur le marché? Nous avions constitué à votre intention des réservoirs. Vous voulez qu'ils soient sans fond; tant pis pour vous, si vous n'y trouvez plus rien.

La conclusion, c'est qu'il faut que la vente et l'achat, c'est-à-dire le commerce, soient libres; que chacun, suivant ses impressions et ses désirs, puisse garder en magasin ou apporter au marché; et, comme l'ont dit successivement Adam Smith et Molinari, qu'il n'y a qu'un moyen d'éviter la disette et la famine, c'est d'accaparer, c'est-à-dire de conserver pour le jour du besoin les moyens de subsistance. Supprimez les lacs et les glaciers des hauteurs; ouvrez toutes grandes les sources cachées dans les entrailles de la terre; envoyez aux rivières, aux fleuves ou à la mer toutes les eaux, à mesure qu'elles sont descendues des nuages; et vous aurez l'inondation d'abord, la sécheresse ensuite.

Et si l'on vous dit, ce qu'en effet on ne manque point de dire, que les grains une fois entassés dans leurs magasins, les commerçants qui les détiennent peuvent les y garder indéfiniment pour vous faire mourir de faim ou pour les amener à des prix de monopole dont ils seront les maîtres, souvenez-vous d'abord, comme je le disais tout à l'heure, que les grains coûtent, non seulement à acquérir, mais à conserver ; que c'est, n'en déplaise à l'histoire de Joseph, une marchandise qui fond entre les mains qui la détiennent ; et que, si l'on s'est trompé dans ses calculs et dans ses prévisions, si l'on a élevé ses prétentions au delà du point auquel le véritable état du marché devait amener les prix, on est puni par l'arrivée inévitable de la baisse, et ruiné pour avoir voulu trop gagner. Souvenez-vous ensuite que nous ne sommes plus au temps de Joseph, alors qu'un Pharaon, maître absolu des intérêts comme des existences, pouvait tout détenir et tout régler. Nous sommes dans un temps de concurrence universelle, où tous les marchés, en dépit de toutes les restrictions légales et de toutes les barrières de douanes, sont dans une dépendance réciproque, et où il suffit que sur un de ces marchés, chez l'un de ces commerçants, les choses soient vues autrement pour que toutes les habiletés de la spéculation malhonnête soient déjouées.

Le grand réservoir de vie auquel s'alimentent les millions de bouches du genre humain, n'a pas, comme les silos du patriarche, une seule clé ou un seul robinet ; il en a des centaines et des milliers ; les régions diverses sont toutes, qu'elles le veuillent ou non, à l'état de vases communiquants, et, plus ou moins vite, plus ou moins difficilement, le niveau tend toujours forcément à s'établir. Bon gré, mal gré, il faut, sous peine de ruine, que le commerce y travaille.

Tout cela est du sens commun, de l'évidence. Mais les préventions ont été si fortes qu'à l'évidence même elles résistent ; les faits, d'ailleurs, en disent plus que les raisonnements. Il ne sera pas inutile de justifier, par quelques exemples, ce que je crois avoir démontré par le raisonnement ; on verra si la pratique est en désaccord avec la théorie.

XI

LE GOUVERNEMENT DOIT NOURRIR LE PEUPLE

Non, le gouvernement ne peut se désintéresser de la nourriture du peuple, pas plus que de son travail et de sa sécurité. C'est son devoir par excellence, et ce doit être sa préoccupation principale.

Mais la question est de savoir comment il pourvoit le mieux à la sécurité des citoyens, comment il leur assure le plus efficacement du travail, comment il les met le plus largement à l'abri du besoin.

Est-ce, comme certains le prétendent, en se faisant lui-même le directeur et le distributeur du travail, en favorisant telle branche de production, en intervenant dans le règlement des salaires, en limitant le nombre des heures dans les ateliers et en établissant des minimums de rétribution ; en fixant le prix des denrées enfin, et en se chargeant au besoin de fournir à la population, par des achats officiels et des distributions publiques, des aliments à des conditions abordables ?

La chose a été tentée, à plusieurs époques, assez en grand et avec assez d'énergie pour que l'expérience ait quelque valeur. J'en citerai seulement deux ou trois exemples.

La Révolution française, on le sait, a eu à se préoccuper de la question des subsistances. Les récoltes, si l'on en croit le célèbre voyageur Arthur Young et d'autres, sans être bonnes, étaient suffisantes. Mais le gouvernement, redoutant les troubles qu'amenait toujours la cherté, crut devoir faire faire des achats à l'étranger. C'était, comme le remarque judicieusement Young, sonner la trompette d'alarme, et la sonner aux frais du public qui payait les achats et la surélévation des prix. Necker commença la faute; la Convention l'accentua.

Un ministre, homme de sens, Rolland, avait eu le courage de dire qu'en fait de subsistances, l'Assemblée n'avait rien à faire, sinon à déclarer bien haut qu'elle ne ferait rien; mais qu'elle assurerait énergiquement la liberté du commerce et de la circulation, et qu'elle déploierait une sévérité inflexible contre tous ceux qui essayeraient de la troubler. Ces sages paroles ne furent point écoutées; on proclama, avec un grand fracas de métaphores et de phrases ronflantes, que le gouvernement devait nourrir le peuple, et l'on institua une commission des subsistances.

Il y avait, d'ailleurs, on s'en souvient, depuis la fin de 1791, une loi du maximum, dont l'article 30, permettant de taxer le prix du pain et de la viande, n'a pas encore été aboli.

La Commission fonctionna, et de son mieux, sans aucun doute. Mais, ainsi qu'on l'a remarqué, le gouvernement peut bien supprimer le commerce; il ne peut pas le remplacer. Ce n'est pas, d'ailleurs, quand on poursuit, comme accapareurs, les détenteurs de grains, que l'on peut trouver aisément des approvisionnements prêts à s'offrir. Des fonctionnaires ne sont point des spéculateurs, c'est-à-dire des gens accoutumés à flairer les opérations avantageuses et à calculer ce que font, sur de grandes quantités, quelques centimes en plus ou en moins. Le résultat fut désastreux. En quatorze mois, la Commission perdit sur ses achats quatorze cents millions, que, naturellement, l'impôt, c'est-à-dire la bourse des consommateurs, dut payer. A ce prix, d'ailleurs, elle réussit de telle sorte à assurer la nourriture de la population parisienne, qu'il fallut, une première fois, la mettre à la ration en limitant la quantité de pain allouée à chaque habitant; puis, réduire la ration de moitié, ce qui put faire dire à quelques mauvais plaisants que tout le monde en France était au régime de l'*admiration*. Enfin, en désespoir de cause l'on vit un jour Barrère en personne monter à la tribune pour proposer un jeûne national et un carême civique. La commission ne survécut pas à ce ridicule aveu de son impuissance[1]. On finit par où l'on eût dû commencer : la liberté fut rendue au commerce, la loi sur les accapareurs fut suspendue, et tout naturellement, les grains reparurent, les marchés se regarnirent, et la tranquillité fut rétablie.

Un autre gouvernement, non moins absolu à ses heures et non moins puissant, le gouvernement impérial, héritier des procédés autoritaires de la Convention, eut, à son tour, la prétention de régler les prix et d'assurer l'approvisionnement du marché. Napoléon, à qui son ministre du trésor, Mollien, ne pou-

[1]. Voir les Conversations familières sur le commerce des grains, de M. de Molinari.

vait faire comprendre qu'il ne fût pas maître de régler le cours des valeurs à la Bourse, devait naturellement se croire en droit et en état de régler le prix du pain. Avant de partir pour sa désastreuse expédition de Russie, il voulut assurer à la population de Paris le pain à un prix abordable. Il décréta, en conséquence, que l'hectolitre de blé ne pourrait pas se vendre plus de 30 francs. Et il édicta, pour contraindre les boulangers à cuire en quantité suffisante et à modérer leurs prétentions, toute une série de prescriptions et de restrictions, qu'il croyait de nature à atteindre ce résultat. Je veux, disait-il, une boulangerie forte. Il ne se doutait pas qu'une boulangerie forte, c'est une boulangerie libre.

L'événement le démontra; j'ignore s'il comprit la leçon. Le blé, taxé impérialement à 30 francs, dépassa 70 francs. Le pain taxé, lui aussi, d'après le prix impérial, ne put se fabriquer sans perte ou sans enchérissement. La moitié ou les deux tiers des boulangers firent faillite, et la volonté du César des Tuileries fut aussi impuissante contre la force des choses que l'ont été depuis les décrets de la municipalité de Saint-Ouen ou de celle de Nogent.

Voilà, et il serait facile d'en donner d'autres preuves, voilà la démonstration par les faits de ce qu'un jour, éclairé de je ne sais quelle lueur de bon sens, ce même Napoléon appelait l'*impuissance de la force*.

Voici, maintenant, la preuve de la puissance de la liberté.

C'était vers 1854, au début de cette période de cherté que ne contribuèrent pas à diminuer la guerre de Crimée et le blocus des ports de la mer Noire. On se rappelle qu'à cette époque les blés, que les Russes auraient été heureux de vendre et les habitants de la France et de l'Angleterre heureux de manger, étaient retenus sur place, quand ils n'étaient pas détruits par les belligérants, comme le furent plus tard, en Amérique, les cotons qui faisaient défaut à l'industrie européenne. On a estimé à 20 millions d'hectolitres, pendant deux années de suite, ce dont cette guerre a privé l'Europe occidentale.

On essayait d'atténuer le mal par toutes sortes de moyens. On avait imaginé des bons de compensation et toute une comptabilité permettant de donner, pendant un certain temps, le pain à perte, sauf à se récupérer plus tard par une addition au prix normal. On avait songé aussi à établir, dans les grandes villes, des réserves municipales de blé et de farine. Moyen assez étrange, en dépit du nom dont furent baptisés, dès le siècle dernier, ces approvisionnements officiels. « Greniers d'abondance ! écrivait Turgot au contrôleur général Terray ; dites, greniers de disette. » Et, en effet, avoir la prétention de détenir dans des magasins publics dont l'établissement a commencé par coûter gros aux contribuables, pour deux mois par exemple de blé ou de farine, c'est évidemment, si l'on veut pousser la chose jusqu'au bout, condamner la population à vivre douze mois sur les ressources de dix. C'est, de plus, en rendant l'État ou les communes acheteurs forcés pour de si grosses quantités, amener forcément aussi la surélévation des cours et soustraire au stock disponible qui constitue l'offre, une fraction considérable de ce qui pourrait alimenter les marchés, et contenir les prix en satisfaisant les demandes. C'est enfin, comme l'a victorieusement démontré, à la municipalité de Bordeaux M. Armand Lalande, alors adjoint au maire, exposer une partie considérable de grains et farines à subir des conditions de garde moins bonnes que celles du commerce dont c'est le métier, et, finalement, enchérir le pain en en altérant la qualité.

A Lyon, pas plus qu'à Bordeaux, l'idée n'eut de succès. Et voici dans quelle circonstance originale la supériorité de la liberté sur la réglementation fut constatée. M. le sénateur Vaïsse qui, avec le titre d'administrateur du département du Rhône, faisait les fonctions de préfet, vit un matin entrer dans son cabinet, quelque peu inquiet, le chef de la statistique municipale. Cet honorable fonctionnaire venait lui apprendre une nouvelle des plus graves. Il n'y avait, dans la ville de Lyon, en grains et en farines, que pour huit jours de vivres. N'était-ce pas un danger public ? N'était-il pas urgent de prendre des mesures ? Les fonctionnaires sont comme les tailleurs. Ils sont toujours prêts à prendre des mesures ; mais leurs mesures ne sont pas toujours bien prises. Et il en est des règlements comme des vêtements, ils ne vont pas toujours bien.

« Prendre des mesures, reprit après un moment de réflexion M. le sénateur, qui ne se piquait pas d'avoir étudié l'économie politique, mais qui était un homme avisé. Mais lesquelles, s'il vous plaît? Allons-nous faire faire des achats au compte de la ville, interdire la sortie du pain à destination des communes voisines, avertir la population de ne pas trop en consommer, si elle ne veut pas en manquer un de ces matins? Tout cela, c'est aller contre notre but; c'est jeter l'épouvante dans le public, faire hausser brusquement les prix, inviter les ménagères à faire des approvisionnements comme en vue d'un siège, peut-être provoquer des troubles et amener le pillage des boulangeries ou des magasins de blé ou de farine, ce qui n'est pas le moyen d'engager boulangers et commerçants à continuer leur métier. Non, mon cher Monsieur, continua M. Vaïsse, ne faisons rien ; mais, surtout, ne disons rien. Pas un mot à personne de ce que vous venez de m'apprendre. Mais relevez exactement le chiffre des mises en consommation, celui des entrées, celui des sorties ; et demain matin, et tous les matins, apportez-moi le résultat de votre travail. » Le lendemain matin, le chiffre des existences en magasins dans la ville n'avait point varié. Consommation et sorties avaient été exactement balancées par les entrées. Le surlendemain et les jours suivants, même constatation. « Au bout de huit jours, racontait M. Vaïsse dans sa déposition, à cette grande enquête de 1861 qui devait aboutir à la liberté de la boulangerie, nous étions fixés et nous étions tranquilles. Nous avons passé quatre ans ainsi, sans que personne s'en soit jamais douté, Lyon n'ayant jamais que pour huit jours de vivres, mais ayant toujours pour huit jours de vivres. C'était assez pour ne pas mourir de faim. J'en ai conclu que le commerce s'entend mieux à approvisionner un marché que l'Administration. Il a tout sauvé ; si j'avais voulu intervenir, j'aurais tout perdu. »

Ces exemples de la puissance de la liberté, eux aussi, il serait facile de les multiplier. En Hollande, dit M. G. Roscher, où l'exportation a presque toujours été libre, l'importation n'a jamais cessé d'être abondante. Il en résultait que le setier de froment coûtait quelquefois, à Amsterdam, 20 livres lorsque son prix était de 30 dans les provinces françaises les plus rapprochées. Pendant la cherté de 1789, le bruit se répandit que l'exportation allait être défendue en Hollande. Ce bruit ayant engagé quelques négociants de Hambourg à retenir leurs navires frétés pour ce pays, la ville d'Amsterdam fut obligée de le démentir.

Même expérience avait été faite, en 1770, à Hambourg même. Le corps des négociants déclara garantir la ville contre la disette, si l'exportation était laissée libre ; dans le cas contraire, elle était inévitable.

Il en fut de même, en 1771, à Coblentz et à Neuwied (près Coblentz).

La raison en est simple ; le commerce n'aime point les souricières et n'entre pas volontiers dans les endroits d'où l'on n'est pas sûr de pouvoir ressortir.

De même encore en Toscane, en 1812 ; à Bombay, à une autre époque. Le blé manquait. Toutes les mesures pour l'attirer étaient vaines. On leva toutes les entraves à l'exportation, et le péril fut conjuré.

De même, enfin, depuis cinquante ans, dans la Grande-Bretagne. Toujours aux prises avec des crises alimentaires, tant qu'elle a voulu assurer par la loi l'approvisionnement intérieur. Toujours abondamment fournie et au plus bas prix, depuis qu'elle a ouvert toutes grandes ses portes à la sortie comme à l'entrée.

Dans son livre, *Jérôme Paturot à la recherche de la meilleure des Républiques*, M. Louis Reybaud suppose l'organisation, à Paris, d'un grand ministère des subsistances qui centralise à la fois les offres et les demandes, et répartit paternellement sur tous les points du territoire le pain, la viande, les fruits, les légumes et le reste. Il ne faudrait pas trois jours à ce grand ministère pour démontrer, de la façon la plus piteuse, son absolue incapacité. Laissez les choses à elles-mêmes, et la plus grande ville, comme la plus petite bourgade, sera assurée de ne jamais périr d'inanition. Pour garantir à une ville comme Paris son alimentation, a écrit un homme distingué, qui a été préfet de police, M. Vivien, l'administration n'a pour ainsi dire qu'une chose à faire, « *c'est de ne pas s'en mêler.* »

« Les prix sont des hauteurs, a très justement dit M. Modesto ; et les marchandises, comme les liquides, tendent constamment à se mettre en équilibre. La cherté attire l'offre en même temps qu'elle repousse la demande, et, par cela même, tend à se limiter. Le bon marché, à l'inverse, attire la demande et repousse l'offre, et par là, lui aussi, tend à se limiter. Ce n'est point l'équilibre, l'immobilité qui en résulte ; c'est une série d'oscillations qui cherchent à l'atteindre et qui, laissées à elles-mêmes, font à la fois, comme le remarquait déjà Turgot, le prix le plus juste et le prix le plus égal avec la plus grande abondance possible.

Gouvernements, voulez-vous être réellement paternels ? Gardez-vous — c'est encore un mot de Napoléon — de vouloir être trop pères ; fuyez — c'est un mot de Robespierre — la manie de trop gouverner. Assurez à vos administrés la liberté de leurs mouvements, et laissez-les se tirer d'affaire eux-mêmes.

Et vous, gouvernés et administrés de toutes classes et de toutes dénominations, voulez-vous que vos affaires soient bien faites ? Ne demandez pas au gouvernement de les faire pour vous. Demandez-lui de vous les laisser faire, et faites-les vous-mêmes. La requête du contribuable à l'administrateur est, Bastiat l'a dit, et je le répète après lui, aussi simple que celle de Diogène à Alexandre : « Ote-toi de mon soleil ! »

XII

TOUS LES HOMMES SONT ÉGAUX

Tous les hommes sont égaux, dit-on tous les jours autour de nous, par conséquent tous devraient être traités de même ; et l'inégalité des conditions et des richesses est une violation évidente de cette égalité naturelle. Quoi de plus facile, d'ailleurs, que d'y mettre ordre ? Il y a de grosses parts et il y en a de petites ; qu'on refasse le partage : qu'on ôte à ceux qui ont trop pour donner à ceux qui n'ont pas assez ; et tout ira bien.

Tout ira bien, c'est à savoir ; et, à supposer que ce nivellement artificiel fût possible, combien de temps durerait-il ?

Un représentant du peuple en mission dans le Puy-de-Dôme — je crois que c'était Couthon — avait interdit de fabriquer plusieurs espèces de pain. Il n'en admettait qu'une seule qu'il appelait solennellement le pain de l'*Égalité*. Il avait oublié, le pauvre homme, que tout le monde n'a pas le même estomac ; qu'il y a des enfants qui n'ont pas encore beaucoup de dents et des vieillards qui n'en ont plus ; et que vouloir nourrir tout le monde de même, c'est vouloir que tout le monde soit mal nourri.

Faire à tous la même part, sans tenir compte des différences de force, d'habileté, d'application ou tout simplement d'appétit, c'est traiter les gens en réalité de façon fort inégale. Et quand bien même, ce qui n'est pas, on pourrait arriver un jour à faire entre tous une répartition rigoureusement exacte, combien de temps, je le répète, pourrait durer cette prétendue égalité ? Mais, dès le lendemain, l'un aurait mangé davantage, l'autre moins ; celui-ci aurait mieux travaillé, et celui-là plus mal. Le bien remis au premier se serait fondu entre ses mains, tandis que le bien remis au second s'y serait accru. Il faudrait donc, sous peine de n'avoir rien fait, interdire à l'un la prodigalité, à l'autre la prévoyance et l'épargne ; ou reprendre incessamment au laborieux, à l'intelligent et à l'économe, pour donner au paresseux, au maladroit, au débauché : singulière façon, on en conviendra, d'encourager le travail et la production, et non moins singulière façon de respecter l'égalité.

C'est qu'il y a deux sortes d'égalité, en effet : la vraie et la fausse ; celle du fait et celle du droit : il faut choisir entre les deux.

Tous égaux, dites-vous ? et en quoi donc, s'il vous plaît ? est-ce en taille par hasard ? ou en force musculaire ? ou en intelligence ? ou en adresse ? ou tout simplement, comme je viens de le dire, en appétit ?

Mais il suffit de prendre deux hommes, n'importe où, pour savoir à quoi s'en tenir ? Il y a des hercules, et il y a des avortons ; il y a des génies, et il y a des crétins ; il y a des bien portants, et il y a des valétudinaires ; il y a des adroits, et il y a des maladroits ; il y en a dont les yeux voient tout et dont les oreilles ne perdent rien ; et il y en a qui ne voient ou n'entendent qu'imparfaitement ou pas du tout. Au point de vue physique il en est des hommes comme des feuilles : on n'en trouve jamais deux qui soient absolument semblables.

Au point de vue moral, pas davantage. Et de ces aptitudes si différentes les hommes font tous les jours un emploi non moins différent ; au départ comme à l'arrivée, l'inégalité est partout.

Et pourtant l'on ne se trompe pas quand on fait appel au sentiment de l'égalité ; si ce sentiment n'était pas réellement au fond des cœurs, ce serait en vain qu'on essayerait de s'en servir pour remuer les masses.

Oui, nous sommes égaux, non pas en fait, comme on veut nous le faire croire, mais en droit. Oui, dans ce que nous sommes, petits ou grands, forts ou faibles, intelligents ou inintelligents, nous sommes pareillement respectables et inviolables. Nous nous appartenons et nous n'appartenons qu'à nous-mêmes. Notre personnalité est sacrée ; nous seuls pouvons disposer de notre temps, de notre peine, de notre vie, et nous pouvons en disposer librement sous la seule condition de ne point porter atteinte à l'égale liberté d'autrui.

Mais cela étant, si nous avons fait de notre vie un meilleur emploi ; si, au lieu de laisser nos jours et nos heures s'écouler en pure perte comme l'eau qui se boit dans les sables, nous en avons recueilli et conservé la substance ; si, autour de nous, nous avons semé, planté, amélioré et, au lieu de consommer à mesure, mis en réserve les fruits de notre labeur et de notre sagesse, est-ce que l'égalité vraie qui s'appelle la Justice ne commande pas de nous laisser la possession et la jouissance de ce résultat de notre activité ? Est-ce que ce n'est pas, à vrai dire, notre existence même, mise en réserve et incarnée dans les choses, dont, sous prétexte de rétablir l'égalité primitive, on prétendrait nous dépouiller ?

Ce qui trompe, c'est précisément qu'on ne se rend pas compte de ce fait, que la richesse, créée par le travail, est la représentation de ce travail ; sacrée comme lui, par conséquent. Et c'est, d'autre part, qu'on s'imagine que les biens d'ici-bas ont été donnés aux hommes comme un gâteau à partager ; tandis qu'ils ont été placés devant eux comme une mine à exploiter et un champ à féconder. Sans doute, si les grosses parts avaient été formées aux dépens des petites, rien ne serait plus naturel que de tout rapporter à la masse. Mais à la masse il n'y avait rien que de la peine à prendre et des ressources inconnues à découvrir. Ceux qui ont réussi, lorsqu'ils l'ont fait honnêtement, n'ont rien pris ; ils ont apporté. Les dépouiller, ce n'est point seulement une injustice, c'est une sottise ; car c'est décourager l'effort, en méconnaissant le mérite.

Respect donc ! respect au nom du droit ! et respect aussi au nom de l'intérêt, à l'inégalité de fait, conséquence et consécration de l'égalité de droit !

Mais respect à celle-là seule ; et par conséquent, guerre sans pitié à toutes les inégalités artificielles ; à toutes celles qui, au lieu de naître des différences réelles de capacité, de travail, de mérite ou de chance, sont l'effet de la partialité ou de l'erreur des lois : privilèges, restrictions, faveurs, inégalités de droit, pour tout dire d'un mot.

XIII

LE PROFIT DE L'UN EST LE DOMMAGE DE L'AUTRE

Ce n'est pas un homme sans valeur, tant s'en faut, qui a formulé cette maxime peu consolante. C'est l'illustre auteur des *Essais*, Michel Montaigne en personne. Et il ne serait pas difficile de prouver qu'il ne l'avait pas inventée.

D'autres autorités non moindres l'ont répétée après lui. Le célèbre chancelier Bacon, entre autres, a dit à son tour, en termes bien peu différents : « Ce que l'un gagne, l'autre le perd. »

Un plus moderne personnage, que l'on ne saurait mettre sur le même rang, bien qu'il ait eu, en son temps, la réputation d'un homme d'esprit et d'un jurisconsulte distingué, M. Dupin, allait plus loin, ou plutôt il tirait plus crûment la moralité fort peu morale de cette assertion. « Dans tout commerce, disait-il, dans tout échange entre particuliers ou entre nations, de quoi s'agit-il, en fin de compte? D'être le plus habile et de grossir sa part aux dépens de celle d'autrui. Le plus fin met l'autre dedans; le commerce ne peut pas être autre chose. »

Autant dire que la vie humaine est, de par une inévitable fatalité, un brigandage forcé, et qu'il n'y a d'autre alternative ici-bas que d'être loup ou mouton, renard ou poule, voleur ou volé.

Il n'en est pas ainsi heureusement; et c'est se faire une idée absolument fausse du rôle du commerce et de l'échange, de la société humaine pour mieux dire, que de réduire à de simples déplacements de richesse et de bien-être les relations des hommes entre eux.

Bien loin qu'il en soit ainsi, l'essence même de l'échange, son but, son résultat, lorsqu'il est ce qu'il doit être, c'est de conférer à chacune des deux parties des avantages que sans lui elles n'auraient pu obtenir.

Eh! oui, sans doute, il y a des cas trop nombreux dans lesquels l'enrichissement de l'un n'est que la contre-partie de l'appauvrissement de l'autre. Le bandit qui me prend ma bourse, n'a de l'or dans sa poche que parce que je n'en ai plus. L'escroc, qui par ses manœuvres plus ou moins habiles, me fait payer fort cher un service ou un bien de mince valeur, ne réalise un bénéfice que parce qu'il me fait subir une perte. De tels cas sont trop fréquents. Et ils seraient la loi universelle, si, comme on l'a trop souvent cru, comme l'ont professé des hommes éminents, la somme des richesses, c'est-à-dire la masse des satisfactions accessibles aux hommes, était une quantité fixe et limitée.

C'était, à ce qu'il semble, l'opinion de saint Thomas d'Aquin, pour qui la propriété n'était autre chose que la cessation de l'indivision primitive, conférant à des possesseurs déterminés, à l'exclusion des autres, des portions plus ou moins considérables de ce qui d'abord, appartenait à tous.

Le Père Gratry, lui-même, bien qu'il eût étudié l'économie politique et professât pour Bastiat un véritable culte, a reproduit cette idée lorsqu'il a écrit : « Comme il n'y a que très peu pour chacun, celui qui a beaucoup est évidemment dans l'injustice, comme détenant ce qui est enlevé à d'autres. »

La conséquence est forcée. Et l'on a raison d'en déduire la négation de la propriété individuelle et le retour à la communauté la plus absolue. Si l'on part de cette prémisse, que l'humanité a été placée en face d'un gâteau à partager, il est clair, que s'il y a de grosses parts, ce ne peut être que parce qu'il y en a de petites. Et il n'est pas moins clair, hélas ! que si le nombre des partageants augmente, l'importance des parts doit aller fatalement en diminuant. Dès lors, les partisans les plus exagérés de la doctrine de Malthus ont raison : « Pour que les hommes ne meurent pas de faim, il faut, de façon ou d'autre, mettre obstacle à leur multiplication. »

Il en est autrement, si, comme tout le démontre, comme le prouve le développement simultané de la population et de la richesse, les hommes sont, par leur travail et par leur intelligence, les producteurs de cette richesse ; si ce sont eux, qui, par la culture, font jaillir du sol les éléments de leur nourriture; qui, par l'industrie, extraient de la terre et façonnent à leur usage la pierre et le métal ; qui, par le commerce, font venir des régions les plus lointaines les ressources qui leur avaient été d'abord refusées ; et si, pour tout dire, au lieu d'un gâteau à partager, ils ont devant eux une mine à exploiter.

Un enfant, dit un apologue chinois, pleurait sur le bord d'un puits. Un passant lui demande le sujet de son chagrin. C'est, répond-il, que je suis venu ici avec une cruche et une corde pour y puiser de l'eau; mais le puits est trop profond, et je ne puis y atteindre. — Mon enfant, reprend alors le voyageur, ce n'est pas le puits qui est trop profond; c'est ta corde qui est trop courte. Vas-en chercher une plus longue et tu puiseras de l'eau autant qu'il te conviendra.

Ce puits, devant lequel pleure l'enfant, c'est l'immense trésor offert à notre activité. Chacun de nous, suivant qu'il a à sa disposition une corde plus ou moins longue, c'est-à-dire suivant qu'il est plus ou moins fort, plus ou moins habile, plus ou moins intelligent et plus ou moins laborieux, y puise plus ou moins largement. Il a, par suite, pour sa consommation personnelle, plus ou moins de ressources à sa disposition. Il en a plus ou moins également, s'il ne consomme pas tout lui-même, à mettre à la disposition d'autrui, comme équivalent de ce qu'il a besoin de demander à autrui. L'échange, sous quelque forme et sous quelque nom qu'il se présente, troc en nature, vente, achat, prêt, n'est pas autre chose que la substitution du produit dont on a besoin au produit dont on peut se passer, ou du service que l'on reçoit d'un autre au service que l'on rend à un autre.

Or, pour quel motif peut-on consentir à rendre à autrui un service ou à céder à autrui un produit, si ce n'est parce que l'on trouve au service ou au produit que l'on reçoit de lui, une valeur égale ou supérieure?

Et pourquoi cet autrui, de son côté, consent-il à l'opération, si ce n'est parce que, lui aussi, y trouve ou y croit trouver son compte? Donnant donnant, les choses s'équivalent.

Elles s'équivalent! Ce n'est pas tout dire ; chacune d'elles, pour celui qui la reçoit, vaut plus que pour celui qui la donne. Assertion contradictoire à ce qu'il semble, mais dont il est bien facile de démontrer la vérité. Si, pour faire un ouvrage, il me faut, à moi, employer trois jours de mon temps, et que mon voisin, par une circonstance ou par une autre, le puisse faire en deux jours, il est clair que pour lui cet ouvrage représente un tiers de moins que pour moi, et qu'il peut me le céder en échange d'un autre ouvrage qui lui coûterait à lui deux jours de travail. — Si, de mon côté, je puis faire en deux jours ce qui lui en coûterait trois, je puis à mon tour le lui céder contre l'équivalent de mes deux journées.

Et si, maintenant, ce sont mes deux journées qui pour lui en valent trois, que je lui abandonne contre ses deux journées qui pour moi en valent trois, nous gagnons, chacun en même temps, par cette opération, une journée, puisque chacun, grâce à l'échange, obtient pour deux ce qui, sans l'échange, lui coûterait trois. En d'autres termes, l'échange, lorsqu'il est raisonnable, lorsqu'il est libre, est avantageux aux deux parties. Il fait profiter chacune d'elles des supériorités de situation, de talent, d'adresse, dont l'autre est en possession. Il n'est pas seulement le moyen d'obtenir plus facilement ce que l'on pourrait à la rigueur se procurer par soi-même, il est le moyen d'obtenir ce que, sans lui, il serait absolument impossible d'obtenir.

Pour reprendre la comparaison de tout à l'heure, il met à notre disposition tous les puits devant lesquels les autres se trouvent placés avec leurs cordes et nous fait profiter de l'allongement que chacun d'eux parvient à donner à sa corde. De là le progrès, de là l'enrichissement, non pas aux dépens, mais au profit d'autrui; non par l'appauvrissement, mais par l'enrichissement d'autrui.

Si, comme j'ai eu l'occasion de le dire ailleurs, je tire plus de blé de mon champ, j'en ai davantage à offrir à ceux qui ne produisent point de blé, mais qui en mangent. Et si, de leur côté, ceux-ci tirent plus de métal ou de charbon de la mine, s'ils fabriquent plus d'étoffes, s'ils construisent plus facilement et à meilleur prix les maisons ou les navires, j'aurai, en échange de mon blé, plus large part à ces produits plus abondants et moins coûteux. Les prospérités s'entr'aident et les inégalités profitent aux moins favorisés.

Cela est vrai d'homme à homme. Cela est vrai de village à village et de région à région. Le vin coûte moins cher aux hommes du Nord quand le Midi a une bonne vendange. Le fer ou la toile coûtent moins cher au vigneron quand le maître de forge ou le fabricant produisent plus abondamment et à meilleur marché.

Il en est de même encore de nation à nation, et de continent à continent. L'orange, le café, le cacao, que nous ne pourrions à aucun prix nous procurer, ou que nous n'obtiendrions qu'au prix d'un travail énorme, nous sont fournis pour une somme minime en comparaison et pour une faible fraction de notre temps, lorsque nous n'avons à rembourser que ce qu'ils ont coûté aux producteurs de régions plus favorisées et aux transporteurs qui les ont amenés jusqu'à nous.

Conclusion. — Le commerce digne de ce nom,

l'échange sensé et raisonnable, l'échange naturel et libre n'est ni une duperie, ni une tromperie, c'est une opération avantageuse aux deux parties, s'accomplissant précisément parce qu'elle leur est avantageuse à toutes deux, et dans laquelle, par une loi qui devrait nous imposer, au nom de l'intérêt même, une mutuelle bienveillance, le plus fort communique sa force au plus faible, le plus habile son habileté au moins habile, le plus favorisé ses supériorités au moins favorisé : véritable fraternité des choses qui nous prêcherait à toute heure, si nous savions la comprendre, la fraternité des cœurs.

XIV

L'AMOUR DE LA PATRIE,
C'EST LA HAINE DE L'ÉTRANGER

Les gens d'esprit disent parfois des sottises.
Et ils ont grand tort.

D'abord, parce qu'une sottise est toujours une erreur, et que toute erreur est dangereuse; et ensuite, parce qu'une sottise, dite par un homme d'esprit, passe aisément pour n'en être pas une, et devient d'autant plus difficile à réfuter et d'autant plus féconde en conséquences pernicieuses.

C'est Voltaire qui a écrit celle-ci. Il ne l'a certes pas inventée. La haine de l'étranger est vieille comme le monde; les Grecs, pour ne citer qu'eux, l'ont hautement professée : tout ce qui n'était point grec était barbare pour eux; et le mot d'étranger et le mot d'ennemi étaient, dans leur langue, synonymes.

Mais Voltaire a donné à cette idée la forme d'un aphorisme; il l'a marquée de son estampille; et, pour beaucoup, pendant longtemps, parole de Voltaire a été parole d'évangile.

Aussi, le dernier ministre de l'Instruction publique, M. Poincaré (que je ne connais pas, mais que j'ai entendu ce jour-là avec une vive satisfaction), a-t-il fait une chose excellente et tout à fait digne d'éloge, une chose qui rentrait bien dans son rôle de conseil de la jeunesse, lorsque, dans la séance de distribution des prix du concours général de l'année 1893, relevant cette phrase du grand ironique du xviii° siècle, il a pris à tâche de démontrer que l'amour de la patrie n'est point incompatible avec l'amour de l'humanité, et que, pour arriver à leur plein et entier épanouissement, les diverses nations ont besoin de s'emprunter les unes aux autres quelque chose de leurs qualités et de leurs ressources propres.

C'est qu'en effet, pour ces personnalités collectives qui s'appellent des nations, comme pour ces personnalités individuelles qui s'appellent des hommes, l'isolement n'est point bon et la lutte est mauvaise. Condamnez un homme à vivre de son seul travail et à ne devoir qu'à lui-même le développement de son intelligence comme la satisfaction de ses besoins, il ne pourra pas se suffire longtemps et périra fatalement dans l'impuissance. Condamnez une nation à se renfermer sur elle-même, à n'avoir avec les autres aucun contact, à ne connaître ni les produits de leur sol, ni ceux de leur intelligence : et vous la réduirez à une double misère, à la fois matérielle et morale.

Tout diffère : de pays à pays, de race à race, de climat à climat. Ici croît le blé, mais la vigne fait défaut. Là, c'est l'inverse. La houille et le minerai de fer ne se rencontrent pas toujours à côté l'un de l'autre ; et sur bien des points, sur le plus grand nombre, ils manquent tous les deux. Le coton, qui sert d'aliment au travail d'une partie des populations du globe, ne pousse que sur un nombre restreint de territoires. Et les épices, les gommes, les matières tinctoriales, le cacao, le café, le quinquina, le caoutchouc et la gutta-percha, aujourd'hui d'un usage si général chez les peuples civilisés, sont pour eux, comme les métaux précieux dont ils font l'instrument principal de l'échange, des articles d'importation.

Or, pour importer, il faut exporter; pour acheter, il faut vendre; pour consommer ce que l'on ne produit pas, il faut mettre les autres à même de consommer ce que l'on produit. Et cet échange, ce va-et-vient par lequel chacun entre, en quelque sorte, en possession des avantages primitivement départis aux autres, n'est possible qu'autant que la paix règne entre les copartageants, que les routes de terre et de mer sont libres, et que les hommes ne se font pas un point d'honneur de se massacrer et de se piller les uns les autres.

Nuire à autrui, c'est se nuire à soi-même. Aider à la prospérité d'autrui, c'est aider à la sienne propre. Si mon voisin, producteur de blé, a une bonne récolte, je serai, moi qui ai besoin de ce blé pour me nourrir, plus assuré de n'en pas manquer et moins exposé à le payer cher. Et si, de mon côté, moi vigneron, j'ai fait de belles vendanges, il trouvera chez moi, à meilleur compte, le vin dont il aura besoin. Ainsi de proche en proche, et l'inverse dans le cas contraire.

La France et l'Angleterre, pour une cause singulièrement futile, font la guerre à la Russie. La récolte, à ce moment, était médiocre dans l'Europe occidentale. Elle avait été bonne dans les parages qui avoisinent la mer d'Azof et la ville d'Odessa. Les blés russes étaient tout prêts à aller apaiser la faim des

Anglais et des Français; mais la discorde en avait décidé autrement : le paysan russe ne vendit pas sa marchandise, l'ouvrier anglais et l'ouvrier français furent obligés de se serrer le ventre.

La division éclate entre les États qui forment la grande confédération de l'Amérique du Nord. Des armées immenses sont mises sur pied, des centaines de mille hommes restent sur les champs de bataille, les campagnes sont ravagées, les richesses de toutes sortes détruites ; et pendant de longs mois le coton, arrêté par le blocus ou brûlé par les troupes du Nord, devient pour l'ancien Monde une rareté. Les fabriques se ferment en Europe, les industriels sont ruinés, les ouvriers sans travail sont réduits aux dernières extrémités de la misère. Le mal de l'un, contrairement à l'adage que nous avons réfuté ailleurs, devient le mal de l'autre.

Donc, l'égoïsme lui-même, s'il était raisonnable, condamnerait la formule de Voltaire.

Il faut, avant tout, aimer sa patrie. Il faut, fût-ce au prix des plus grands sacrifices, la défendre contre les entreprises injustes des autres nations. Mais il ne faut pas, par un intérêt mal entendu, chercher à abaisser et à ruiner celles-ci. Il faut leur souhaiter, au contraire, grandeur et prospérité dans le travail et dans la justice.

« Il faut aimer la patrie d'autrui, » a écrit, dans un admirable passage, le Père Gratry. « Vous êtes membres les uns des autres, » avait écrit longtemps avant lui un autre personnage plus considérable, saint Paul, disant avec raison qu'aucun des membres individuellement ne constitue le corps, mais que le corps résulte de la réunion de tous les membres. « Le pied n'est point l'œil et l'œil n'est point le pied ; mais le pied a besoin de l'œil et l'œil a besoin du pied. » Et le grand apôtre ajoutait, appliquant cette comparaison aux nations : « Voici le mystère nouveau, inconnu aux générations précédentes mais révélé à celles-ci : les nations sont concorporelles. »

Une autre illustration de l'Église chrétienne, le célèbre saint Jean Chrysostome, exprimait la même idée, lorsque, prenant le contre-pied d'une boutade du poète Horace à l'adresse de l'audace impie des navigateurs, il montrait la mer, plus facile à franchir que la terre, comme un chemin offert aux régions les plus éloignées les unes des autres, pour les convier à se rapprocher et permettre aux hommes de s'asseoir, comme des frères, autour de la table de famille que leur a préparé le Père commun.

Cette belle pensée a été reprise de nos jours par un des hommes qui ont le plus contribué à en préparer la réalisation, Richard Cobden. Il se trouvait un soir à un banquet de famille. On le pria, conformément à un usage anglais devenu aujourd'hui un usage universel, de prononcer au dessert quelques paroles « Mes chers amis, dit-il, en promenant ses regards sur l'assistance, cette table autour de laquelle nous sommes ici rassemblés dans la joie et dans la bienveillance, c'est à mes yeux l'image de ce que doit être la société humaine. Des mets de toutes sortes y ont été servis ; mais chacun avait sa place spéciale, plus ou moins à la portée de tel ou tel convive. Si chacun de nous, par jalousie ou par gourmandise, voulant garder pour soi seul le plat qui était devant lui, s'était refusé à le laisser passer à ses voisins, que serait-il arrivé ? C'est que tous, tant que nous sommes, nous aurions très inégalement, mais très imparfaitement dîné : l'un, n'ayant que du potage ; l'autre, que du rôti ; celui-ci, que des légumes ; et celui-là, que des fruits. En partageant, en faisant circuler à la ronde et en laissant arriver tour à tour devant tous les différents mets, nous avons pu, selon nos goûts, avoir de tout. Et à cet avantage nous avons joint le plaisir de nous en savoir mutuellement gré. La table du Créateur est plus large et plus variée ; elle n'est pas autrement faite ; et pour n'y manquer de rien, il faut de même se passer les plats de main en main. »

Saint Paul avait raison ; saint Chrysostome disait vrai ; et Cobden, sous une forme plaisante, mettait à la portée de tous une grande vérité. Mais Cobden, Chrysostome et saint Paul n'ont pas eu encore la puissance de se faire comprendre de tous. Et comme ces singes dont parle Bastiat qui, au lieu de manger en paix la pâture qu'on leur apporte, ne savent que renverser l'écuelle en se la disputant, hommes et nations en sont encore à croire que la richesse est une proie et que la haine vaut mieux que la bienveillance et l'assistance mutuelle.

Et c'est pour cela qu'au lieu de vivre dans l'abondance et dans la joie, ils continuent à manger péniblement dans les larmes un maigre pain, le plus souvent arrosé de leur sang.

XV.

ŒUVRES SERVILES, ROTURIERS ET MANANTS

Etrange fortune, en vérité, que celle de ces mots ! Singulière aberration du sens moral que celle qui en a fait, pendant trop longtemps, qui en fait encore pour bien des personnes des termes de mépris exprimant la bassesse et la grossièreté.

Vils roturiers, disaient aux siècles derniers ces gentilshommes qui se faisaient honneur de vivre *noblement*, c'est-à-dire sans rien faire. Vils roturiers : autrement dit gens de rien, gens qui ne sont pas nés, gens qui se livrent à des travaux serviles et font œuvre de leurs dix doigts.

Qu'est-ce pourtant que faire œuvre de ses doigts, sinon, comme l'a dit saint Paul, mériter de manger le pain dont on se nourrit? Et qu'est-ce, en particulier, que ce mot de roturier, si l'on remonte à son origine, à son étymologie, sinon le titre de noblesse le plus vrai, le plus légitime, le plus incontestable qui fût jamais?

Qu'est-ce que la roture? Tout simplement l'acte le plus nécessaire, le plus utile, le plus fécond, celui sans lequel l'espèce humaine en serait encore à se repaître de glands et de racines sauvages ; le fait d'ouvrir, par le fer et le feu, le dur sein de la terre, de l'arroser de la sueur de l'homme, de lui confier le grain qu'elle doit changer en épi, et de faire d'elle la mère nourricière de l'humanité en créant un champ là où il n'y avait qu'une surface.

Et si encore ce n'avait été qu'une surface nue ! Mais c'était la plupart du temps une surface hostile, rebelle, armée contre l'homme de mille puissances ennemies. Il fallait la disputer aux animaux de toutes sortes qui l'occupaient, la débarrasser de la végétation parasite ou malsaine qui la couvrait : ici, arracher les souches après avoir abattu ou brûlé les arbres ; là, enlever les pierres ; ailleurs, faire écouler les eaux surabondantes ; enclore, pour le défendre, ce coin du sol ainsi peu à peu remanié pour le soustraire aux incursions, et assurer aux bouches affamées la pâture destinée à les nourrir. Voilà, dans ses traits principaux, l'œuvre sainte et bénissable entre toutes qu'exprime ce seul mot : roture.

Roture ou rupture, brisement, défrichement : c'est tout un.

Oui, il a fallu la rompre, la briser, cette dure croûte de la terre, pour qu'elle s'ouvrît à la vie et qu'elle rendît à l'homme un peu de ce qu'il lui aurait donné. Et celui qui a accompli cette rude tâche, le défricheur, le pionnier, l'éclaireur, on a eu raison de l'appeler tout simplement du nom de son œuvre : « *l'homme qui brise, l'homme qui rompt, le rupturier ou* « *roturier* ».

Mais, pour mener à bien sa besogne, pour soutenir ainsi la bataille contre la terre et pour remporter la victoire, il ne suffisait pas de loin en loin de quelques assauts passagers. Il fallait engager avec elle une lutte de tous les jours et de tous les instants, une lutte sans repos ni trêve ; et, après avoir triomphé de ses premières résistances, opposer persévéramment aux retours offensifs de la fertilité naturelle, toujours prête à reprendre possession de son domaine, l'énergique effort d'un plan soutenu. Même au début, même dans son enfance et sous sa forme la plus routinière, la culture est un art savant et compliqué, fait tout à la fois d'expérience et d'opiniâtreté.

« L'homme a sur la terre le premier de tous les droits, celui de l'avoir faite, » a dit Michelet. Mais pour la faire, et pour la conserver après l'avoir faite, il a fallu qu'il se mît et qu'il restât en contact intime avec elle. Il a fallu qu'à toute heure elle subît l'influence de sa main, qu'elle respirât son souffle et qu'elle s'imprégnât de sa sueur. Aussi, ce cultivateur, ce défricheur, ce roturier, a-t-il été désigné également par un autre nom, non moins défiguré par l'ingratitude et par le préjugé : on l'a appelé le manant (*manens*), l'homme qui demeure au même lieu.

Expression de mépris encore, de la part de celui qui passait, ravageant et pillant, labourant avec sa lance et moissonnant avec son glaive, comme disaient les Spartiates ; titre de noblesse si l'on avait su être clairvoyant et juste, et comprendre que le travail n'est pas seulement, comme l'a dit La Fontaine, le premier des trésors, mais le plus réel des mérites et la plus glorieuse des grandeurs.

Roturiers, manants, artisans et travailleurs de toutes sortes, de la tête ou de la main : agriculteurs, industriels, savants ; vous tous qui, à toute heure, faites appel aux forces inépuisables de la nature, les pliant à votre obéissance et mettant à la disposition de vos semblables le pain du corps et le pain de l'âme, il est temps d'en finir avec cette fausse délicatesse de la langue, et de rendre aux mots, avec leur véritable valeur, la justice qui leur est due.

XVI

ÊTRE TRIBUTAIRE DE L'ÉTRANGER

Nous sommes tributaires de l'étranger, dit-on tous les jours avec l'accent de la plus vertueuse indignation. C'est une humiliation dont il faut, à tout prix, nous affranchir.

Tributaires, en vérité ; et comment ? Aurions-nous encore, par hasard, à payer quelque reliquat inconnu d'une trop douloureuse rançon ? Nous serions-nous, par quelque convention maladroite et onéreuse, engagés à livrer pour rien, chaque année, aux amateurs étrangers un choix de nos meilleurs vins, de nos plus belles étoffes, de nos plus nouvelles créations de l'art ou de la mode ? Ce serait un lourd tribut, en effet, et tel qu'en prélevait, jadis, au nom de la France, celui qui fut le général Bonaparte et l'empereur Napoléon.

Non. Nous fournissons de vins, de soieries, d'articles de Paris, de nouveautés diverses, dans une mesure importante, la plupart des contrées des Deux Mondes ; mais nous avons l'habitude de nous faire payer. Et nous estimons même, en général, que l'accroissement des exportations est l'un des signes de la prospérité du pays.

Sans doute, répondent les avocats de l'indépendance nationale. Et ce serait à merveille, si l'on nous payait toujours en argent. Ce serait à merveille, si nous nous bornions à vendre; si, en regard de ces exportations, nous ne voyions pas figurer des importations égales et même supérieures. Nous vendons, oui; mais nous achetons aussi; voilà le malheur. Nous sommes les fournisseurs des autres; mais ils sont nos fournisseurs à leur tour et nous sommes leurs clients. Ils consomment nos produits; mais nous consommons les leurs. Il y a, parmi les éléments de notre travail et les aliments de notre existence, une foule d'objets que nous sommes réduits à demander au travail étranger. Autant, évidemment, d'enlevé au travail national. Si ces millions, ces dizaines de millions et ces centaines de millions de denrées, de matières premières et d'objets de toute sorte étaient produits sur notre propre sol, par les mains de nos nationaux, ce serait autant de travail de plus pour eux, autant de moins de donné au travail étranger. Autant de gagné, par conséquent, pour la richesse nationale.

C'est ce qu'il faudrait voir, mes chers amis, et ce dont vous me permettrez de douter.

D'abord, il y a, vous en conviendrez, parmi ces importations dont le chiffre vous alarme, bien des choses qu'il serait impossible, ou tout au moins bien difficile d'obtenir sur le sol national, et dont, cependant, vous n'êtes pas disposés à vous priver. On ne peut guère récolter de coton en France ni même en Europe, si ce n'est sur quelques plages très limitées où il vient assez mal. Voulez-vous supprimer, pour ne pas devoir le coton à l'Amérique ou aux Indes, une bonne partie de notre industrie manufacturière? La guerre de la sécession l'a fait pendant une couple d'années ; elle nous a affranchis, bon gré, mal gré, du tribut que nous payions à l'Amérique. Ruine des filateurs, misère des ouvriers, stagnation de la marine marchande : voilà ce qui en est résulté. On produit de la laine en France ; mais il en faut, pour alimenter nos fabriques et leur permettre de fournir de drap le marché national et les marchés étrangers, deux ou trois fois autant qu'elles en peuvent trouver en France. Ce n'est, d'ailleurs, qu'en mélangeant les laines indigènes avec les laines étrangères qu'elles peuvent satisfaire au goût de leur clientèle. En sorte que, pour travailler avantageusement les unes, il faut avoir les autres, et que, bien loin d'être des concurrentes, celles-ci sont des auxiliaires. On en peut dire autant, dans des mesures diverses, des soies de différentes provenances et qualités, des blés durs nécessaires à la fabrication des pâtes, des vins qui viennent combler les vides produits par le philloxera et le mildew, du caoutchouc et de la gutta-percha sans lesquels nous n'aurions point de câbles électriques ; et, dans une sphère différente, des épices, des gommes, du café, du cacao, des fruits exotiques et d'une foule d'objets dont nos pères, au temps des druides, se passaient sans doute, mais dont je ne sache pas que les plus farouches avocats de l'indépendance nationale soient disposés à se passer. Nos estomacs, pour reprendre le mot, sont devenus tributaires du monde entier, et ils ne paraissent pas vouloir, de longtemps, s'affranchir de ce tribut.

Et puis, voyons ! Lorsque vous vendez vos produits à l'étranger, ce n'est pas, je le disais, tout à l'heure, pour l'unique satisfaction de lui être agréable. Vous n'entendez pas travailler pour rien et livrer pour rien à l'Anglais, à l'Américain, à l'Espagnol ou à l'Italien qui vous les prend, ces produits qui vous ont coûté du temps et de la peine. C'est pour le coup que vous seriez tributaires de l'étranger ; je pourrais dire serfs et esclaves. Car ce qui caractérise la servitude, c'est l'obligation de travailler pour autrui sans une juste rétribution. Non. Comme je le disais encore, vous vous faites payer. Et comment diable voulez-vous vous faire payer, si ce n'est en argent ou en marchandises? En argent? Mais si nous ne recevions, en échange de nos exportations, que du métal blanc ou jaune, nous aurions bien vite accumulé sur notre sol la totalité de ce qui en existe sur la surface du globe. Et à quoi cela nous avancerait-il? à entasser dans les caves de la Banque un plus grand nombre de milliards ; à voir monter dans des proportions énormes le prix de toutes choses ; à payer, comme il y a quarante ans en Californie, un litre de lait cinq ou six francs et un chou à l'avenant ; et à demeurer privés de toutes ces choses que j'énumérais tout à l'heure, et de bien d'autres : autrement dit, à nous appauvrir.

Oui, nous sommes payés ; mais nous le sommes, la plupart du temps, en produits. Nous vendons et, du même coup, l'on nous vend : car vendre, c'est acheter ; et acheter, c'est vendre. Exporter sans importer, ce ne serait point commercer, ce serait donner et, par conséquent, se ruiner. Importer sans exporter, à l'inverse, si d'autres étaient assez naïfs pour nous livrer leurs produits sans rien réclamer en retour, ce serait faire une affaire d'or, recevoir pour rien et, par conséquent, s'enrichir. Tâchons donc, une bonne fois, de voir les choses telles qu'elles sont. Vendre est nécessaire, mais parce que c'est le moyen d'acheter. Les exportations contribuent à la richesse nationale ; mais parce qu'elles permettent les importations.

Quand un cultivateur a du blé, un viticulteur du vin, un maître de forges du fer, ou un manufacturier des étoffes, plus qu'ils n'en peuvent consommer pour leur usage, ils cherchent à s'en défaire ; c'est même pour pouvoir s'en défaire qu'ils les produisent. Et ils cherchent à s'en défaire au plus haut prix possible. Pourquoi ? parce que plus ils ont à vendre et mieux ils vendent, et plus ils sont à même d'acheter. Les marchandises qu'ils livrent à leurs acquéreurs, sont le prix dont ils payent les marchandises ou les services qu'en retour ils pourront se procurer. La vente est le débit, le passif ; l'achat est l'avoir, l'actif. Plus, toute proportion gardée, ils ont reçu en échange de ce qu'ils ont donné ; plus, pour employer la langue des affaires, leurs entrées ont dépassé leurs sorties, et plus ils estiment que leurs opérations ont été bonnes. Une bonne balance pour eux, lorsqu'ils font leur inventaire, c'est celle qui accuse plus de recettes que de dépenses. Et si, ce qui est incontestable, ils se félicitent de voir augmenter le chiffre de leurs ventes, c'est parce que, du même coup, ils augmentent la possibilité de leurs achats.

Comment en serait-il autrement pour une nation ? Est-ce que la richesse d'une nation est autre chose que l'ensemble des fortunes particulières de ses membres ? Est-ce que le commerce national est autre chose que la somme des opérations commerciales faites par les particuliers ? Est-ce que, le jour où un exportateur, ayant vendu pour cent mille francs de marchandises à Bombay ou à New-York, fait rentrer à Marseille ou au Havre pour cent cinquante mille francs de denrées de l'Inde ou de l'Amérique, il se considère comme tributaire de ces pays et volé par eux de ce qu'il gagne dans son marché avec eux? Il n'estime pas pour cela non plus que l'Inde ou l'Amérique soient ses tributaires ; car si elles lui prennent ses produits et lui laissent les leurs, c'est-à-dire s'il y a des Indiens ou des Américains qui font librement ce marché, c'est apparemment qu'ils croient y gagner, eux aussi. Mais il se dit, et il serait grand temps que nous apprissions à dire collectivement pour le compte de la nation ce que chacun individuellement se dit pour son compte, que le commerce est un échange avantageux aux deux parties. Que si, ce qui est vrai, la différence des climats et des sols nous fait, par le besoin, dépendants les uns des autres, le commerce, par l'échange, nous affranchit de cette dépendance en nous affranchissant du besoin. Et, en fin de compte, si c'est un tribut que les hommes et les nations se payent les uns aux autres, c'est un tribut réciproque et bienfaisant qui les lie par le sentiment de la solidarité et qui devrait, s'ils comprenaient leurs intérêts et leurs devoirs, les lier également par le sentiment d'une mutuelle reconnaissance. Plût à Dieu, en vérité, que nous fussions à tel point tributaires les uns des autres, que nous ne pussions, à aucun moment, nous passer les uns des autres ! Ce jour-là, la paix régnerait enfin dans le monde et les hommes comprendraient peut-être ce que c'est que la fraternité.

XVII

USURE

Usure de quoi, s'il vous plaît? De la maison que je vous loue? Du navire sur lequel vous prenez passage et embarquez vos marchandises? De la voiture et des chevaux que je mets à votre disposition, pour la journée ou pour le mois? De l'habit que vous venez prendre dans ma boutique pour une soirée? Des outils que je vous prête? Ou des livres que vous allez chercher au cabinet de lecture? Toutes ces choses, peu ou beaucoup, en les mettant à votre usage, leur possesseur vous permet de les user, en en usant à votre profit, au lieu de s'en servir pour lui-même. Il serait étrange qu'il dût supporter, sans compensation, la privation et le préjudice. Et vous trouvez tout naturel, en effet, de lui en payer l'usage et l'usure. C'est ce que vous appelez le loyer.

Parfaitement, me direz-vous. Et personne ne dit le contraire. Mais il n'en est pas de même pour l'argent. D'abord, l'argent n'est pas une marchandise. Et puis, l'argent ne s'use pas, et, quand on vous le rend, il vaut tout juste autant que quand on vous l'a demandé.

C'est à savoir, ou plutôt, ce serait à apprendre.

L'argent ne s'use pas, dit-on? Matériellement parlant, c'est presque vrai! Pas tout à fait; mais peu s'en faut. — Moralement parlant, ou, plutôt, commercialement parlant, ce n'est plus vrai du tout. Je vous rends le même nombre de pièces de métal blanc ou jaune. Mais êtes-vous bien sûr que dans l'intervalle la valeur de ces pièces de monnaie n'a pas changé? — Il en fallait dix, il y a deux ou trois ans, pour se procurer une quantité de marchandises déterminée; peut-être n'en faut-il plus que huit ou neuf aujourd'hui; peut-être aussi en faut-il douze ou quinze! Est-ce que, après la découverte de l'Amérique, le pouvoir d'acquisition de l'argent n'a pas baissé dans une proportion considérable? Est-ce qu'il ne baisse pas, depuis quinze ou vingt ans, d'une façon manifeste? Si manifeste que l'on tient congrès sur congrès pour chercher, mais en vain, les moyens de l'arrêter sur cette pente, et que les États-Unis, vainement aussi, ont eu recours, pour combattre la dépréciation du métal blanc, aux lois les plus arbitraires, les plus onéreuses et les plus impuissantes.

Et pourquoi l'or et l'argent varient-ils de valeur? Pourquoi, vers 1850, l'or tomba-t-il, par rapport à l'argent, non seulement au-dessous du rapport légal de 15 1/2 à 1, mais au-dessous du rapport de 15 à 1? Et pourquoi aujourd'hui, par un mouvement inverse, est-ce l'argent qui est descendu de 25, de 30 et enfin de 50 0/0 au-dessous de ce rapport; si bien que, pour le commerce des métaux, la pièce de 5 fr. ne vaut plus que 2 fr. 50?

C'est que l'or et l'argent sont des marchandises, des marchandises marchandes entre toutes, qui, comme les autres et plus que les autres, subissent toutes les fluctuations, résultat de la rareté et de l'abondance, de l'offre ou de la demande. C'est que ce qui fait accepter, en échange de produits ou de services, ces disques blancs ou jaunes revêtus de certaines marques officielles, ce ne sont point ces marques par elles-mêmes, mais le poids et le titre dont elles sont l'attestation et la garantie. — Et si ce poids et ce titre, à leur tour, constituent une sécurité, c'est parce que, par leur essence et à raison de l'utilité qu'ils ont par eux-mêmes, indépendamment de toute affectation monétaire, ces métaux ont un marché non seulement courant, mais universel.

Or, si l'on trouve naturel de payer un loyer pour l'usage des autres marchandises, par quelle bonne raison pourrait-on justifier le refus d'en payer un pour l'usage de cette marchandise universelle qui les procure toutes? Avec de l'argent, je puis acheter une terre ou une maison que je louerai; un fonds de commerce qui me fera vivre; des matières premières qui alimenteront mon industrie; ou faire une opération sur laquelle je gagnerai 25, 30, 50, 100 0/0 et davantage! Et je ne devrais pas à celui qui me permet de me procurer ces facilités, d'utiliser ces ressources, de faire ce bénéfice, une part du profit qu'il me procure! Je ne lui devrais pas une compensation de la privation à laquelle il consent en ma faveur et une prime d'assurances contre le risque qu'il court!

Car, enfin, il peut arriver et il arrive, plus souvent qu'on ne le croit, que l'argent prêté ne soit pas rendu! L'argent ne s'use pas; nous venons de voir ce qu'il en faut penser. Mais il se perd. Quand je loue une maison, si mon locataire ne me paye pas, c'est une période plus ou moins longue de la jouissance de ma chose dont j'ai été privé; mais la chose elle-même, me reste, plus ou moins détériorée quelquefois. Quand je loue une somme d'argent, si mon locataire qui s'appelle un emprunteur, déménage en emportant tout, c'est la chose même dont je me trouve à jamais dépossédé. Franchement, cela mérite bien considération. Et, s'il est une forme de prêt ou de loyer pour laquelle il soit juste de laisser les parties débattre librement leurs conditions, c'est assurément le prêt ou loyer de la chose qui représente toutes les autres, et dont l'usage réunit à la fois tous les avantages et tous les inconvénients inhérents aux autres formes de prêt ou de loyer.

Mais pourtant, dira-t-on, on ne saurait nier qu'il n'y ait des prêteurs malhonnêtes et des emprunteurs malheureux ! Quoi qu'on fasse et quoi qu'on dise, M. Shylock sera toujours un vilain personnage ; et M. Harpagon, prêtant au denier cinq, et donnant pour une partie de la somme un lézard empaillé, un luth de Bologne garni de presque toutes ses cordes, et des meubles dont l'emprunteur ne peut rien faire, ne passera jamais pour un type d'honnête homme.

D'accord. Pas plus que le marchand qui vend à faux poids, qui trompe sur la qualité de la marchandise, n'est à l'abri de la réprobation publique. Pas plus que le maquignon qui dissimule les défauts de son cheval et abuse de l'inexpérience de son acheteur, ne peut prétendre à un brevet de moralité. Ce qui n'empêche pas que la vente ne soit libre, et qu'en l'absence de tout dol et de toute fraude le prix des objets, comme le chiffre des loyers ou des fermages, ne soit réglé par la seule volonté des parties. On peut faire une acquisition excellente en payant cher un objet qui haussera de valeur ou dont on tirera grand parti. On peut en faire une mauvaise en payant bon marché un objet dont on ne fera rien ou pour lequel on dépasse les limites de son budget. On peut, pareillement, commettre une vilaine action en prêtant à un intérêt modéré, même sans intérêt, pour un emploi malhonnête. Et l'on peut rendre un très réel service en prêtant à un taux élevé pour un emploi rémunérateur, mais non exempt de risques. Ce n'est pas le chiffre de l'intérêt, ce sont les conditions dans lesquelles il est consenti, qui en font, selon les cas, la moralité ou l'immoralité. Quelques exemples achèveront de faire mieux comprendre cette vérité.

XVIII

LE MOT ET LA CHOSE

M. Harpagon, nous en sommes convenus, est un vilain personnage; et Monsieur son fils, réduit par sa ladrerie à chercher de l'argent de toutes mains et à tout prix, n'est peut être pas absolument irréprochable. Mais, à la place du père, usurier dans toute la force et dans la plus vilaine acception du terme, mettez, je vous prie, en face d'un jeune homme plus inexpérimenté et moins excusable que Cléante un de ces aimables viveurs sur le retour qui se plaisent à encourager les sottises des adolescents; et voyez-le offrir au fils d'un de ses amis, pour alimenter son jeu ou pour payer quelques fredaines, de l'argent tant qu'il en voudra à 5 p. 100, à moins même, sans intérêt si vous voulez, lui disant avec l'aide de quelques formules de la morale facile qu'il faut que « jeunesse se passe » et qu'il peut bien écorner un peu par avance la *légitime* que lui laissera Monsieur son père. Croyez-vous, de bonne foi, que cet aimable et généreux vieillard soit moins blâmable que le rapace prêteur auquel, d'ailleurs, il prépare un client de plus?

Voyez au contraire — en face d'un inventeur ingénieux, mais sans ressources et dont l'invention n'a point encore fait ses preuves — un capitaliste sérieux, économe, disposé à avoir confiance dans l'intelligence et dans l'activité de cet inventeur, mais ne se dissimulant pas cependant les difficultés et les risques, et se rendant très bien compte que faire à cet homme les avances dont il a besoin, c'est prendre un billet de loterie, ou, si l'on veut, jouer à pile ou face. Il hésite, il finit par se décider ; mais il fait ses conditions en conséquence : si l'affaire réussit, il aura une grosse part du bénéfice, 25 p. 100, 50 p. 100, 100 p. 100 peut-être ; si elle ne réussit pas, il perdra tout : quitte ou double. Est-il absolument répréhensible, et, quand il cède aux prières et aux supplications de l'emprunteur qui lui demande le moyen de réaliser son rêve et d'atteindre la fortune, lui met-il, comme on le dit volontiers, le couteau sous la gorge ?

Il y a une dizaine d'années, on discutait à la Chambre des députés une proposition tendant à abroger la loi de 1807, limitative du taux de l'intérêt. L'Algérie, on le sait, n'était pas soumise à cette restriction. Un des députés de cette colonie, aujourd'hui sénateur, vint conter à la Commission son histoire, à peu près en ces termes. J'étais ouvrier imprimeur, et j'avais envie de m'établir. Une petite imprimerie se trouva à vendre ; l'affaire me parut bonne, et je me portai acquéreur. Mais il y avait mille francs à payer comptant, et je n'avais rien. Grâce à la liberté dont nous jouissons en Algérie, je trouvai les mille francs et je pus conclure l'affaire. Mais je dus les payer cher : 5 p. 100 par mois ; 60 p. 100 pour un an. On appelle cela de l'usure en France ; et l'on n'aurait pas manqué d'y faire condamner le prêteur comme m'ayant écorché. Cependant, soyons juste. Qui est-ce qui courait le plus gros risque? Et lequel de nous deux pouvait faire tort à l'autre? Si je ne réussissais pas, mon prêteur en était pour ses mille francs et, quant à moi qui n'avais rien, je restais « Gros-Jean » comme devant. Si je réussissais, comme cela est arrivé, il faisait une bonne affaire, c'est vrai; mais j'en faisais une aussi, et son argent valait bien ce qu'il me coûtait, puisqu'il me rapportait davantage. Aujourd'hui, ajoutait ce député, j'ai prospéré, j'ai du bien au soleil et je présente des garanties. Je n'emprunte plus à 5 p. 100 par mois; et si l'on me demandait 5 p. 100 pour l'année, je répondrais que mon crédit vaut mieux que cela.

A la même époque et à l'occasion du même débat, un autre député me racontait les débuts d'un des plus grands industriels de notre pays, ancien ouvrier lui aussi, devenu le créateur d'une fabrication considérable, dont les produits, par leur abondance et leur bon marché, ont rendu d'éminents services jusque dans les plus modestes ménages. Savez-vous avec quoi il a commencé, me disait-il? avec 10.000 fr. empruntés à 60 p. 100, et, de plus, en s'engageant à ne vendre, pendant un certain nombre d'années, que par l'intermédiaire de son prêteur. C'était abusif; et, pourtant, l'affaire était si bonne qu'il a fait fortune. Mais si la loi de 1807 n'avait point existé; si, au lieu d'être réduit à s'adresser aux gens qui osent violer la loi et ne craignent pas de tondre la laine jusqu'à la chair, il avait pu ouvertement porter sa demande d'argent sur le marché libre des capitaux, croyez-vous qu'il n'aurait pas trouvé dix prêteurs pour un, prêts à lui faire des conditions moins dures? Quand la loi, a dit Montesquieu, interdit une chose qui est nécessaire, elle n'empêche pas cette chose de se faire; mais elle rend malhonnêtes ceux qui la font, et elle se tourne contre ceux qu'elle a la prétention de protéger. On ferme aux emprunteurs dont la situation comporte un risque supérieur au taux légal, la porte des honnêtes gens; on les condamne à ne pouvoir frapper qu'à la porte de ceux qui ne le sont pas. Et c'est pourquoi l'on a pu dire que les lois contre l'usure sont des lois en faveur des usuriers. Il me serait aisé de multiplier, sans sortir des cas qui me sont personnellement connus, des exemples analogues à ceux que je viens de citer; mais ce serait toujours la même chose; et, si l'on n'a pas compris, l'on ne comprendrait pas davantage. Une dernière anecdote absolument authentique pour finir; elle montre bien comment les rigueurs de la loi retombent fatalement sur les emprunteurs.

Au temps où l'on appliquait encore, par-ci, par-là, cette loi de 1807 qu'on a eu tant de peine à faire abolir à demi en matière commerciale et où, de loin en loin, quelques poursuites étaient exercées pour délits d'usure, un pauvre diable d'Auvergnat, porteur d'eau ou charbonnier de son métier, et, de plus, quelque peu prêteur à la petite semaine, était traduit devant le tribunal. Tous les témoins qu'on lui reprochait d'avoir écorchés, venaient, les uns après les autres, déposer en sa faveur. Ah! Monsieur le juge, disaient-ils, vous n'allez pas condamner ce brave homme-là! Si vous saviez quels services il nous a rendus! Mon mari était à l'hôpital, ma fille était malade, on allait nous saisir pour un billet que nous ne pouvions pas payer ; le propriétaire nous mettait dans la rue et vendait nos meubles : il nous a prêté de l'argent qu'il n'était pas bien sûr de revoir et nous avons pu nous tirer d'affaire.

— Oui, dit le président ; mais il vous a pris 10 0/0, 12 0/0, 15 0/0 ; c'est un délit. Voyons, prévenu, vous n'avez pas honte d'avoir pris de pareils intérêts ?

— Dame, mon président, repartit le bonhomme, ces gens-là ne sont pas riches, vous le voyez bien ; et il y en a dans le nombre qui ne payent ni l'intérêt ni le capital ! Si c'étaient des millionnaires, ce n'est pas chez moi qu'ils viendraient ; ils iraient chez Rothschild. Il faut bien que je tienne compte des mauvais payeurs si je ne veux pas être en retour. Et puis, ça n'est pas tout ; il faut vous dire les choses comme elles sont. Il y a d'autres risques dans le métier que celui de perdre son argent. A preuve que tout à l'heure vous allez peut-être bien m'envoyer en prison ; vous savez, mon président, c'est quelque chose ça ! Ça vaut bien 3 ou 4 0/0 de plus !

C'est le bon sens même qui parlait par la bouche de cet honnête usurier ; et c'est pourquoi il en faut toujours revenir aux paroles par lesquelles j'ai commencé : Usure de quoi ? Usure au profit de qui ? Usure de quelle nature et de quel degré ? Il faut toujours que le risque et le dommage se payent, et que le service soit rétribué. Et c'est encore avec la liberté que le prix en est le moins élevé. Réprimez sans pitié le dol et la violence ; mais respectez les conventions librement débattues ; et n'ayez pas, vous, législateurs qui n'y pouvez rien connaître, la manie de faire les affaires des gens à leur place et de leur interdire, au nom de leur intérêt, ce que, à leur avis, leur intérêt réclame. Bentham a tout dit d'un mot: « C'est établir un bureau de bonnes d'enfants pour les hommes faits; » et Rossi, le grand légiste, n'a pas craint d'appeler la loi de 1807 « le plus insigne monument des sottes prétentions du législateur ».

XIX

LA STÉRILITÉ DE L'ARGENT

L'argent, de sa nature, est stérile. Combien de fois n'avez-vous pas entendu énoncer cette proposition comme un axiome? Combien de fois aussi proclamer que l'argent n'est point une marchandise ou n'est point une marchandise comme les autres ?

D'où la conséquence, entre autres, que l'argent ne saurait légitimement produire d'intérêt, et que les prêteurs, en en exigeant un, commettent une spoliation et s'engraissent de la substance des emprunteurs.

« Le jour, écrivait en 1848 M. Thoré, où les aristocrates ont inventé cette incroyable fiction, que le capital avait la vertu de se reproduire tout seul, les travailleurs ont été à la merci des oisifs.

« Est-ce qu'au bout d'un an vous trouverez un écu de cent sous de plus dans un sac de cent francs ?

« Est-ce qu'au bout de quatorze ans vos écus ont doublé dans le sac?

« Est-ce qu'une œuvre d'art ou d'industrie en produit une autre au bout de quatorze ans ?

« Commençons donc par l'anéantissement de cette fiction funeste. »

M. Thoré, qu'il le sût ou non, ne faisait autre chose que de reproduire, en la développant, une proposition formulée deux mille ans auparavant par l'un des plus grands esprits qui aient illustré l'humanité.

« L'intérêt, avait écrit Aristote, étant de l'argent issu d'argent, est un enfantement contre nature ; car l'argent ne peut engendrer d'argent (*nummus nummum non parit*). » Pour être couverte de l'autorité d'un si grand nom, et pour avoir, sous le couvert de cette autorité, fait loi pendant de longs siècles, l'assertion n'en est pas moins ridicule et indigne de tout esprit quelque peu réfléchi.

Franklin, qui n'était pas plus bête qu'Aristote et qui n'avait pas le cœur moins démocratique que M. Thoré, a émis, dans ses *Conseils d'un vieil ouvrier à un jeune ouvrier*, une assertion diamétralement contraire : « Souvenez-vous, lui dit-il, que l'argent est, de sa nature, prolifique. L'argent peut engendrer l'argent ; les petits qu'il a faits en font d'autres plus facilement encore, et ainsi de suite...

. . . .

« Celui qui tue une truie pleine, en anéantit toute la descendance jusqu'à la millième génération. Celui qui engloutit un écu, détruit tout ce que cet écu pouvait produire, et jusqu'à des centaines de francs. »

Un autre personnage, l'anglais Bentham, que j'ai cité à la fin du chapitre précédent, a, plus explicitement encore, réfuté la théorie d'Aristote en prenant directement à partie le grand philosophe : « Si ce grand homme, a-t-il dit, avait voulu se donner la peine de remarquer qu'avec une somme d'argent empruntée on peut acheter deux brebis et un bélier, lesquels, laissés ensemble produiront probablement, au bout de l'année, deux ou trois agneaux, il aurait compris qu'en vendant au bout de l'année les deux brebis et le bélier pour rembourser le prêteur et en lui donnant, en outre, l'un des agneaux ou sa valeur, l'emprunteur se trouverait encore d'un ou deux agneaux plus riche que s'il n'avait point emprunté et payé intérêt... »

« L'argent, dit de son côté le rigide Calvin, ne produit pas d'argent ! Et la mer en produit-elle ? en sort-il des planches d'un navire, ou des murailles d'une maison, ou de la terre d'un champ ? Cependant, on loue un navire, ou une maison, ou un champ, et, avec de l'argent emprunté, on peut acheter ces choses qui en produisent. Ce n'est pas l'argent lui-même qui produit, mais c'est l'usage que l'on en fait. » C'est le bon sens même qui parle par la bouche de Calvin comme par celle de Franklin et de Bentham. Non, l'argent par lui-même, en tant que métal, ne produit rien. Mais l'argent, par les ressources qu'il procure et par l'emploi que l'on en fait, produit. Non, la charrue, de laquelle on n'a jamais vu sortir une autre charrue, ne rapporte rien si l'on ne s'en sert pas ; le blé non plus, si on le laisse dans un coin. Mais le blé semé donne la moisson, et la charrue qui laboure permet de semer le blé et d'obtenir la moisson. L'argent pareillement, inutile par lui-même, est utile par tous les services qu'il procure.

L'argent est stérile ! soit. Mais le capital ne l'est pas, puisque le capital c'est la semence, c'est le champ, c'est la charrue, c'est le fonds de commerce ; c'est le troupeau qui fait des petits, l'arbre qui porte des fruits, le navire qui va chercher au loin les éléments du travail ou les aliments de l'existence.

L'argent ! mais, quand on l'emprunte, est-ce que c'est pour le mettre dans un sac ou sous un verre, comme le dit niaisement M. Thoré ? Est-ce que ce n'est pas pour s'en défaire, et pour obtenir en échange les moyens de travailler et de produire ? Finissons-en donc avec ces puériles et ineptes confusions. Souvenons-nous que l'argent dans les transactions humaines n'est qu'une marchandise provisoire, destinée, comme la plus marchande de toutes, à nous permettre de puiser à notre gré les autres sur le marché. Et pour conclure, concédons si l'on veut que le métal est stérile, à la condition qu'on veuille bien reconnaître que le capital ne l'est pas ?

XX

L'INSTRUCTION INTÉGRALE

Dans combien de programmes, de discours et de manifestes, n'est-il pas question de l'instruction intégrale ?

On promet au peuple l'instruction intégrale. On affirme que, sans l'instruction intégrale, jamais la société ne pourra connaître le bonheur et la tranquillité. On fulmine contre ces ennemis du progrès, ces obscurantistes encroûtés, qui refusent à leurs semblables les bienfaits de l'instruction intégrale. Et lecteurs et auditeurs, entraînés par ces beaux développements, s'enthousiasment à l'envi pour l'instruction intégrale.

Si on leur demandait, cependant, ce que c'est que cette instruction intégrale à laquelle ils prétendent avoir droit, ils seraient, non pas pour la plupart, mais tous du premier au dernier, bien embarrassés pour répondre. Et guère moins embarrassés, malgré leur bagout, les écrivains et les orateurs qui la leur prônent. Aucun d'eux, en tous cas, ne s'est jamais avisé, que je sache, de la définir ; et ce serait bien le cas de les prier, comme le singe de la fable d'éclairer leur lanterne.

Mais c'est précisément parce qu'elle n'est pas éclairée que le public, comme le dindon à qui le singe fait son boniment, peut se laisser persuader qu'il y a quelque chose dedans :

> Mais je ne sais pour quelle cause,
> « Je vois bien quelque chose,
> Je ne distingue pas très bien. »

S'il distinguait très bien, il s'apercevrait bien vite qu'il n'y a rien.

Causons un peu pourtant, et tâchons de deviner quelle idée vague peuvent bien réveiller, dans les cerveaux, ces mots d'instruction intégrale.

Évidemment, si cela signifie quelque chose, cela doit signifier une instruction complète, universelle, comprenant toutes les sciences, tous les arts, toutes les branches de la culture intellectuelle et professionnelle ; donnant, par suite, à tous les hommes indistinctement la plénitude des connaissances et des facultés.

C'est le cas de rappeler le mot du Bonhomme :

« Tout cela, c'est la mer à boire. »

Et vous vous imaginez, braves gens, qu'on peut faire avaler la mer à tout le monde ? Vous vous figurez que cela serait avantageux, si c'était possible ; et qu'il serait bon que tout le monde reçût la même éducation et possédât les mêmes talents ?

Prenez, au hasard, deux hommes dans la foule. Est-ce que leurs aptitudes sont les mêmes ? Est-ce que leurs goûts sont semblables ? Est-ce qu'ils sont propres à rendre les mêmes services ou à exécuter les mêmes tâches ? Non, Dieu merci ; car il y a bien des besognes à faire dans la société, bien des tâches à remplir; et il est nécessaire que toutes se fassent. C'est un rêve qui paraît beau au premier abord que celui d'une parfaite et universelle égalité; mais c'est un rêve incompatible avec la nature humaine ; et, le jour où il serait réalisé, tout serait pétrifié dans l'immobilité d'une médiocrité impuissante.

« Il faut du jeu dans les machines, a dit admirablement Turgot; si toutes les pièces emboîtaient hermétiquement les unes sur les autres, elles ne marcheraient pas. » Il faut de l'inégalité et de la diversité dans la société humaine; si tous les hommes étaient coulés dans le même moule, il n'y aurait plus ni mouvement ni progrès.

Instruction aussi étendue que possible, sans doute; mais instruction inégale et diverse, visant, non pas à réaliser un type unique de prétendue perfection, mais à donner à chacun, selon ses dispositions, selon le milieu, le développement qui lui convient le mieux; voilà le but que l'on doit se proposer.

Et, pour atteindre ce but, il n'y a encore rien de tel que de laisser le champ libre à tous les efforts, à toutes les bonnes volontés, à toutes les concurrences. Liberté entière, *liberté intégrale*, si vous tenez au mot; cela vaudrait mieux qu'*instruction intégrale*.

XXI

L'ABOMINABLE DOCTRINE
DU LAISSEZ-FAIRE

J'en reviens à ce que je disais au début de ce volume. C'est une singulière chose que la puissance des mots.

Parlez aux hommes de liberté. Faites appel au sentiment qu'ils ont tous plus ou moins de leur indépendance et de leur dignité ; et, pour peu que vous sachiez vous y prendre, vous leur ferez crier tous d'une voix : *Vive la liberté !*

Prenez ensuite individuellement à partie telle ou telle liberté : la liberté de la presse, la liberté de réunion, ou la liberté d'association ; montrez les abus qu'elles peuvent engendrer ; tonnez contre les excès de la licence ; sans dire bien entendu que la licence n'est pas l'exagération, mais la négation de la liberté. Et vous leur ferez renier en détail dans ses applications cette liberté qu'ils viendront d'acclamer en principe.

Parlez en particulier de la concurrence, noircissez habilement le tableau, montrez le mal en cachant le bien, mettez au compte de la concurrence les méfaits de la violence et de la fraude qui en sont la violation ;

et vous leur ferez crier avec non moins d'ensemble et d'entrain : *A bas la concurrence!*

Concurrence et liberté, les deux pourtant font la paire ; ou plutôt c'est une seule et même chose sous des noms différents. Il n'y a point de liberté là où il n'y a point de concurrence ; et la concurrence n'est autre chose que l'exercice de la liberté. C'est la mise au concours du résultat, du profit, de la situation, de la renommée. Et Michel Chevalier définissait admirablement la concurrence économique, lorsqu'il l'appelait la face industrielle de la liberté morale. J'en dirai autant de ce que l'on appelle le laissez-faire, si mal compris la plupart du temps.

Mon ancien collègue Martin Nadaud, que j'ai cité à propos du bâtiment, m'honorait d'une affectueuse estime. Mais il ne pouvait comprendre que je fusse partisan du laissez-faire ; et il ne manquait jamais l'occasion de protester du haut de la tribune, en regardant de mon côté, contre l'abominable doctrine du laissez-faire et du laissez-passer.

Bien avant lui, il y a une quarantaine d'années, lorsque pour la première fois je me hasardai à écrire sur les questions économiques, j'avais eu à subir des attaques analogues et moins bienveillantes de la part d'un homme d'un esprit original et caustique, M. Jobard, inventeur d'un système de brevets perpétuels, décorés par lui du nom de « monautopoles », en vertu duquel tout inventeur, perfectionneur ou modificateur quelconque d'un appareil ou produit quelconque aurait gardé à perpétuité, pour lui et ses descendants, la propriété exclusive de son appareil ou de son idée. Il eût fallu, par exemple, pour faire un clou, s'adresser successivement à ceux qui auraient eu le privilège d'extraire le minerai ; à ceux qui auraient représenté les inventeurs de la transformation du minerai en métal ; aux ayants droit de l'inventeur de l'étirage en fil de fer ; aux descendants du créateur de la cisaille, de l'inventeur de la pointe, de celui de la tête ; et ainsi de suite. On voit d'ici quel joli régime cela aurait fait, et combien il aurait été loin d'ouvrir la porte aux abus de la concurrence.

M. Jobard, naturellement, ne tarissait pas sur le compte de ces abus. Et, disant les choses un peu plus crûment que d'autres, il montrait les économistes livrant le monde à toutes les violences, à tous les crimes même, et supprimant ni plus ni moins, au nom du laissez-faire et du laissez-passer, toutes les garanties de la sécurité privée et publique.

Laissez faire la montre, disait-il ; laissez faire le mouchoir ; laissez passer le voleur et l'assassin.

Un autre homme d'esprit, un professeur et un orateur de beaucoup de talent, M. Charles Gide, que n'effraye pas suffisamment le paradoxe, s'est plu à renouveler, en les colorant de son style imagé, ces plaisanteries de M. Jobard. Il l'a fait notamment dans une très brillante conférence à Genève en 1890.

J'ai répondu alors, comme j'avais répondu jadis à M. Jobard, comme je l'ai expliqué dans une des séances de la Société d'économie politique, qu'une caricature n'est point un portrait ; qu'elle en est quelquefois le contraire, et que c'est ici le cas.

Colbert demandait un jour à un négociant, nommé Legendre, ce que le gouvernement du roi pouvait faire pour aider le commerce : « Monseigneur, répondit Legendre, *nous laisser faire.* » Voilà l'origine de la formule, reprise plus tard et expliquée par un autre négociant, Gournay, adoptée par Turgot, et devenue le résumé du programme des économistes.

C'est tout simplement la proclamation de cette vérité que les hommes sont maîtres et responsables de leur sort ; que chacun, dans sa sphère, doit être libre d'agir comme il lui convient, et que nul, par conséquent, ne doit porter atteinte à la liberté d'autrui. Ce qui implique que le gouvernement, protecteur de la liberté de tous, ne laissera point l'activité des uns empiéter sur l'activité des autres, et restera neutre, comme la justice le commande, et impartial.

La requête de l'économie politique au gouvernement, dit Bastiat, est aussi simple que celle de Diogène à Alexandre : *Ote-toi de mon soleil.* « Concurrence, dit-il ailleurs, c'est absence d'oppression. En ce qui me concerne, je veux choisir pour moi-même et ne veux pas qu'un autre choisisse pour moi. Et si un autre a la prétention de choisir pour moi, je demanderai à choisir pour lui, à sa place. Où est la garantie que les choses en iront mieux ? »

Un autre économiste de mérite, M. Alfred Jourdan, exprimait la même idée, en comparant le pouvoir public au juge du camp, qui, dans l'ancien duel judiciaire, s'assurait que les conditions d'un combat loyal avaient été observées, et alors seulement donnait le signal de la lutte par ces mots sacramentels : « *Laissez aller les bons combattants.* »

Dans l'arène du travail comme dans celle des anciens tournois, dans ce qu'on a appelé la bataille de la vie, le devoir de l'autorité, qui représente le droit et l'intérêt public, n'est pas autre. Elle doit veiller à ce que la liberté de chacun soit sauve ; à ce que nulle part, sous une forme ou sous une autre, la faveur ou l'oppression n'altère les conditions du débat, et n'enlève aux uns ou aux autres la rétribution naturelle de leur mérite ou de leur démérite. Elle doit, par conséquent, réprimer, sous quelque forme qu'ils se produisent, les fraudes, les violences, les vols! C'est là sa principale, pour ne pas dire son unique mission. En d'autres termes, empêcher de faire la montre ou le mouchoir, afin que mouchoir et montre demeurent à qui ils appartiennent; empêcher de passer le voleur et l'assassin, afin que l'honnête homme puisse passer; empêcher de gêner les uns en leur mettant des entraves ou en les chargeant de droits, de favoriser les autres en leur accordant des privilèges, des exemptions ou des monopoles; tenir la balance égale entre tous, en un mot, et ne faire en rien acception de personne: voilà l'idéal. Peut-être n'est-il pas facile à réaliser. Il faut bien le croire, puisque nulle part encore il n'a été complètement réalisé. Mais à coup sûr il est avouable et honorable. Et si nous voulions nous pourrions, sans épiloguer, tomber dans le paradoxe, retourner la formule, et, au lieu de laisser faire, parler d'empêcher de faire : « Laisser faire le bien, n'est-ce pas empêcher de faire le mal? »

XXII

LES DEUX MORALES

Un jour, c'était sous l'Empire, un homme de mérite qui n'était pas un malhonnête homme, mais qui, peut-être, quoique écrivain distingué, ne se rendait pas toujours bien compte de la valeur des mots, avança, à propos de je ne sais plus quel acte reproché au gouvernement, qu'il y avait deux morales : l'une, pour la vie privée ; l'autre, pour la vie publique.

Ce fut un soulèvement général dans toute la presse, opposante du moins ; et le pauvre homme ne s'en releva jamais complètement.

Il faut bien le dire, cependant, cette distinction entre la morale privée et la morale publique, cette latitude concédée au gouvernement de se mettre comme tel au-dessus des lois habituelles de l'honnêteté, il ne les avait pas inventées, et il s'en faut qu'on ait cessé de les invoquer.

Richelieu, pour n'en point citer d'autres, se souciait fort peu de respecter la justice et la bonne foi, quand il croyait l'intérêt de sa puissance ou celui du roi sérieusement engagé. Il allait devant lui, fauchant sans pitié, sauf à tout couvrir ensuite, comme il le disait, de sa robe rouge.

Il y a eu des Richelieu de nos jours; et ce n'est pas d'avoir manqué de scrupules qu'on leur a le plus souvent fait un grief. Ils emploient de mauvais moyens pour servir leur pays, ont dit ceux-là mêmes qui avaient le plus à souffrir de leurs succès; mais c'est la politique. Et plût à Dieu que nous eussions chez nous des hommes de cette trempe !

C'est là une conception fausse, et aussi dangereuse que fausse. Les lois de la morale sont les mêmes dans la vie publique et dans la vie privée, pour les peuples et pour les particuliers; ni la fourberie, ni la violence, ni le crime ne perdent rien de leur culpabilité à s'exercer sur un plus grand théâtre.

Au point de vue de l'intérêt, il n'en est pas autrement. Bien mal acquis ne profite pas, dit un proverbe souvent justifié par l'expérience. Pour les gouvernements comme pour les individus, la justice est toujours la meilleure politique. Un Napoléon foule aux pieds l'Europe pendant quinze ans. Il semble avoir fait un pacte avec la fortune. Que lui en reste-t-il, cependant; et que reste-t-il à la nation qui a servi d'instrument à ses visées ambitieuses? A lui, la défaite et la longue agonie du désespoir sur une île lointaine; à elle, l'invasion, le démembrement, la dépopulation et la ruine.

L'Autriche, après l'écrasement de son redoutable vainqueur, croit augmenter sa puissance en s'emparant d'une partie de ses dépouilles, tient garnison à Venise et, du milieu de son terrible quadrilatère, pèse sur la Lombardie écrasée. C'est une épine dans sa chair et un boulet à ses pieds.

L'Angleterre, dans l'intérêt de son aristocratie, supprime les libertés de l'Irlande, arrache aux malheureux habitants de ce pays la propriété de leur sol, violente leur conscience et tire à elle le plus pur de leur substance. De ce qui aurait dû être, suivant l'expression consacrée, l'île sœur, elle se fait une ennemie avec laquelle il lui est impossible de vivre en paix. Et il faut toute l'énergique volonté du grand vieillard qui la domine par le talent et par le caractère, pour lui faire entrevoir enfin la possibilité de se débarrasser, non sans sacrifices et sans douleur, de sa tunique de Nessus.

D'autres iniquités, plus récentes et par conséquent plus odieuses puisqu'elles ont été commises dans un état de civilisation plus avancé, ont été de nos jours acceptées par l'Europe. On sait ce qu'elles ont valu à l'Europe, et dans quelle mesure, selon le mot de Jules Simon, « l'Europe a payé et paye encore la rançon de « Sadowa et de Sedan. »

On pourrait multiplier ces exemples et invoquer tour à tour l'autorité de bien des moralistes et de bien des philosophes. Je n'en citerai plus qu'un et n'invoquerai qu'une autorité : celle d'un souverain, de l'un des plus grands souverains de l'Europe moderne, de l'impératrice Marie-Thérèse, jugeant elle-même au moment où elle en acceptait sa part, l'abominable crime du partage de la Pologne.

« Quand tout mon empire était envahi, écrivait-elle
« au prince de Kaunitz ; quand je ne savais pas même
« où trouver un abri pour mettre mon enfant au monde,
« je comptais sur mon bon droit et sur l'aide de Dieu.
« Mais ici, quand le droit est contre nous, quand
« nous avons contre nous toute justice et toute raison,
« j'avoue que je suis plus tourmentée que je ne l'ai
« été de ma vie et que j'ai honte de me faire voir.

« Que le prince de Kaunitz considère quel exemple
« nous donnerions au monde si, pour un misérable
« morceau de Pologne ou de Valachie, nous vendions
« notre honneur ! »

Elle l'a vendu, bien qu'à contre-cœur. Troublée par les menaces de Frédéric II, qui mettait son armée sur pied et faisait de l'adhésion de l'Autriche au partage de la Pologne une condition de paix ou de guerre; contrainte par les terreurs et les instances de ses ministres et de son entourage, elle céda. Mais en mettant enfin, malgré elle, sa signature au bas de cet acte monstrueux de brigandage international, voici ce qu'elle écrivit : « *Placet* (j'y consens), puisque tant de grands et savants personnages veulent qu'il en soit ainsi. Mais longtemps après ma mort on verra ce qu'il résulte d'avoir ainsi foulé aux pieds tout ce que, jusqu'à présent, on a tenu pour juste et pour sacré. »

L'histoire a répondu. Elle a dit si l'iniquité commise à l'égard de la Pologne pouvait profiter aux trois puissances qui se sont partagé cette malheureuse proie ! Il en est et il en sera toujours ainsi. La pire des politiques, c'est la politique de haine, de cupidité et de spoliation. Il n'y a qu'une morale, il n'y a qu'une justice ; et l'intérêt véritable, l'intérêt suprême, pour les collectivités comme pour les individus, c'est de les respecter. La force peut opprimer le droit ; elle ne le prime pas, et tôt ou tard, quelles qu'aient pu être de premières et trompeuses apparences, les mauvaises semences comme les bonnes portent leurs fruits.

XXIII

LA FIN JUSTIFIE LES MOYENS

Encore une formule qui n'est, au fond, qu'une variante de la précédente, à laquelle on ne saurait faire une guerre trop acharnée. D'autant plus acharnée qu'elle est spécieuse, et que les raisons ne manquent pas pour expliquer la facilité avec laquelle on se laisse aller à l'adopter.

Nous avons tous, qui que nous soyons, un secret penchant à nous croire infaillibles. Être dans le vrai pour la plupart d'entre nous, cela signifie être de notre opinion. Et c'est naturel ; si nous ne croyions pas notre opinion bonne, nous ne l'adopterions pas.

Et non seulement nous la croyons bonne, — ce qui est notre droit absolu, sauf à laisser aux autres le droit de croire la leur préférable ; — mais peu à peu, lorsqu'il s'agit de choses importantes, comme l'intérêt social ou la vérité religieuse, nous arrivons à croire qu'elle est la seule qui ne soit pas dangereuse, coupable même ; et que, par conséquent, il importe de la faire triompher.

Et c'est là, précisément, le péril. Car c'est là ce qui fait suivant les temps, suivant les circonstances, suivant les points de vue, les persécuteurs qui livrent les chrétiens aux flammes et aux bêtes, les inquisiteurs qui croient étouffer l'hérésie par les cachots et par les autodafés ; les terroristes qui prennent pour devise la fraternité ou la mort ; les anarchistes qui massacrent et ruinent pour imposer à la société un bonheur dont elle ne veut pas ; et les libres-penseurs pour lesquels la liberté consiste à contraindre les autres à accepter la servitude de leur négation.

Du moment où l'on est absolument convaincu que l'on possède la vérité absolue, que l'on tient en mains la clé du paradis terrestre, ou que l'on a le pouvoir d'empêcher les autres de se précipiter dans l'éternelle perdition, on est bien près de se dire que tout est permis pour obtenir un tel résultat, et qu'un petit mal n'est rien en comparaison d'un si grand mal qu'il évite, ou d'un si grand bien qu'il procure.

Rien de mieux si nous étions infaillibles ; mais nous ne sommes pas infaillibles ; et, par conséquent, il se peut que ce bien que nous voulons procurer à tout prix à nos semblables ne soit pas un bien ; et que ce mal que nous voulons leur éviter ne soit pas un mal.

Et puis nous avons chacun notre foi, à laquelle, si nous avons le droit de tout lui sacrifier, nous allons tout sacrifier en effet ; et le monde va devenir le champ de bataille de toutes les croyances, de toutes les erreurs, de toutes les ambitions, de toutes les cupidités et de toutes les convoitises.

A ce débordement de passions et de violences, à ce déchaînement de toutes les colères, de tous les orgueils et de tous les fanatismes, il n'y a qu'une barrière : c'est l'impartiale et immuable barrière du droit.

C'est la reconnaissance et la proclamation de cette maxime fondamentale, seule maxime du véritable salut public, que, sous aucun prétexte, pour aucune cause, dans aucune circonstance, il n'est permis de faire le mal, d'attenter à la liberté d'autrui, de recourir à des moyens que la morale désavoue. S'il était vrai, comme on le prétend quelquefois, qu'il y eût des buts que l'on ne saurait atteindre que par des voies obliques et tortueuses, des fins auxquelles on ne saurait arriver que par le mensonge, par l'astuce, par l'improbité, par la trahison et par le crime, il faudrait en conclure, non pas que ces moyens mauvais en eux-mêmes sont innocentés par le résultat que l'on en attend, mais que ce résultat ne mérite pas d'être poursuivi et qu'il serait fâcheux de l'obtenir.

On a dit quelquefois, à la suite de nos discordes civiles, qu'il fallait être indulgent pour certains crimes, parce qu'ils avaient eu un mobile politique. C'est une morale dangereuse et antisociale. Le crime est toujours crime, dans quelque condition qu'il se commette ; et il y a des actes qu'aucun drapeau ne saurait amnistier, à plus forte raison glorifier, parce qu'ils déshonorent tous les drapeaux.

Il semble, en vérité, que cela soit si simple que c'est une naïveté de le dire. Mais, hélas ! le sophisme prend tant de formes, il se pare de tant de couleurs, il se cache sous tant de noms qu'on le retrouve partout, et qu'il ne faut pas se lasser de le poursuivre sous tous ses déguisements et de lui arracher tous ses masques.

XXIV

SI LES RICHES NE DÉPENSAIENT PAS, LES PAUVRES MOURRAIENT DE FAIM

C'est Montesquieu, le grave Montesquieu qui l'a dit ; et c'est Voltaire, le léger et spirituel Voltaire, qui l'a paraphrasé.

> Sachez surtout que le luxe enrichit
> Un grand État, s'il en perd un petit.
> Cette splendeur, cette pompe mondaine
> D'un règne heureux est la marque certaine
> Le riche est fait pour beaucoup dépenser ;
> Le pauvre est fait pour beaucoup amasser.

Je ne vois pas très bien, à parler franchement, comment ce qui appauvrit un petit État pourrait en enrichir un grand, ou réciproquement. C'est comme si l'on me disait qu'en faisant un trou au bas d'un tonneau, on le remplit, s'il est grand ; on le vide, s'il est petit.

A tirer d'un réservoir, quel qu'il soit, plus qu'on n'y met, on le vide plus ou moins vite, mais on le vide. A y mettre plus qu'on n'en tire, peu ou beaucoup, on le remplit. Toute la question est donc de savoir à quelle condition le réservoir de la richesse publique, puisque c'est de lui qu'il s'agit, reçoit plus qu'il ne perd ou perd plus qu'il ne reçoit.

La réponse n'est pas bien difficile ; et l'on est en droit de s'étonner que des hommes de la valeur de Voltaire et de Montesquieu, sans parler de beaucoup d'autres, n'aient pas su la faire. Pour qu'une nation s'enrichisse, il faut et il suffit, comme disent les mathématiciens, qu'elle consomme moins qu'elle ne produit, ou qu'elle produise plus qu'elle ne consomme. Et, comme la richesse de la nation n'est que l'ensemble de la richesse des particuliers, cela revient à dire qu'il faut que les particuliers, en majorité au moins, maintiennent leurs dépenses au-dessous de leurs recettes. A agir autrement, ils iraient fatalement à la gêne, et de la gêne à la ruine. En d'autres termes, il faut que l'esprit d'économie l'emporte sur l'esprit de prodigalité, et que chacun, autant que possible, s'abstienne de dépenser pour son usage personnel la totalité de ses revenus.

Je dis pour son usage personnel, et la distinction est essentielle. C'est faute de l'avoir faite que Montesquieu, Voltaire et beaucoup d'autres après eux ont dit une sottise, et considéré comme non dépensé ce qui n'est pas consommé par chacun pour sa propre satisfaction.

En réalité, de nos jours au moins, à l'exception de ce qui se met dans un bas de laine, si cela se fait encore, ou se cache dans le fond d'un tiroir ; à l'exception de ces trésors d'avare auxquels on ne touche jamais et qu'une pierre pourrait remplacer, tout le monde dépense son revenu, — car tout le monde l'emploie. Mais tout le monde ne le dépense pas de la même façon. — Épargner en particulier, c'est dépenser, et dépenser la plupart du temps de la façon la plus avantageuse, et pour soi-même et pour les autres.

C'est ce qu'a très bien démontré, avant Bastiat, l'excellent Droz, dans son *Précis d'économie politique :* « Un homme, dit-il, a la main toujours ouverte : fêtes, dîners, équipages, rien ne lui coûte ; et c'est autour de lui un concert de louanges et de bénédictions. En voilà un qui fait aller le commerce et travailler les ouvriers. Pendant ce temps, un autre dont la vie est plus simple et plus sérieusement réglée, après avoir donné le nécessaire à son logement, à sa table, à l'éducation de ses enfants, à la pratique d'une intelligente et utile bienfaisance, trouve moyen de mettre de côté le quart ou le tiers de son revenu. Et l'on ne manque pas de jeter la pierre à ce ladre qui entasse, dit-on, ses écus, au lieu de les faire circuler, et prive le commerce et le travail d'une partie de ce qu'il aurait pu leur fournir. »

Qu'arrive-t-il, cependant ? C'est qu'au bout de quelques années le premier, le dépensier, le dissipateur est ruiné ; il a tari la source à laquelle il puisait et ne peut plus rien pour entretenir le travail autour de lui. Heureux s'il n'est pas tombé à la charge de la société, ou s'il n'a pas été s'échouer dans quelque métier interlope ou malfaisant. Admettons tout simplement qu'il s'est borné à dépenser tout ce qu'il pouvait dépenser, et que ses ressources sont restées les mêmes. Il n'a rien ajouté au fonds des consommations et des salaires.

Il en est tout autrement du second. Sa fortune s'est accrue, et ses revenus avec elle ; c'est ce qu'on lui reproche, et c'est ce dont on devrait lui savoir gré. Car s'il a bien placé ses économies, si l'argent qu'il a mis de côté lui rapporte, c'est apparemment que cet argent, employé à alimenter des industries productives, mis au service d'hommes intelligents, a servi à payer des salaires, à rétribuer des travaux, à augmenter en un mot le bien-être général. Au lieu d'être dépensé une fois pour toutes, au jour le jour, improductivement, et peut-être pis qu'improductivement, il a été dépensé d'une façon utile, en vue d'un résultat durable et pour l'amélioration de la société comme pour le profit de son possesseur. C'est la différence entre le grain de blé mangé et le grain de blé semé. Il faut bien qu'une partie du blé soit mangée, c'est sa destination ; et, si on ne le mangeait point, ce ne serait pas la peine d'en produire. Mais il faut aussi qu'une partie du blé soit soustraite à la dent des hommes et des animaux pour être semée ; c'est la condition de ce renouvellement ; et sans cela les hommes n'en mangeraient pas deux ans de suite. Pour pouvoir consommer demain, il faut épargner aujourd'hui ; l'économie est la semence de la dépense.

Adam Smith, que je me suis permis à d'autres pages de critiquer respectueusement, a dit très bien à ce propos : « L'économe est le fondateur d'un atelier public, qui fournira du travail indéfiniment jusqu'à ce qu'il ait été détruit par quelque maladroit ou quelque insensé. — Le prodigue est l'héritier indigne, qui jette au vent les cendres de ses pères et enlève de la bouche de ses contemporains les aliments préparés pour eux par la prévoyance de ses devanciers. »

On voit d'ici quelle est l'application que l'on peut faire de ces réflexions, à la question si controversée du luxe, mentionnée dans les vers de Voltaire. Mais, pour plus de clarté, nous l'examinerons directement; et, pour plus de sûreté, nous demanderons à l'homme de bon sens par excellence, à Franklin, de nous dire ce qu'il en faut penser.

XXV

LE LUXE

Rien de plus controversé que la question du luxe ; rien de plus mal compris, non plus. Suivant les uns, on ne saurait trop l'encourager ; suivant les autres, on ne pourrait le réprimer avec trop d'énergie.

Une première remarque est à faire, c'est que la détermination de ce qui est luxe est impossible, du moins d'une façon générale et absolue. Suivant le temps, suivant le lieu, suivant les circonstances, les mêmes choses peuvent être rangées dans la catégorie des dépenses de luxe ou dans celles des dépenses de première nécessité. Rareté, cherté, élégance sont relatives. La première paire de souliers, là où l'on ne portait que des sabots, a été un luxe, comme l'avait été la première paire de sabots quand on allait pieds nus. Le roi Philippe II envoyait à la reine Élisabeth d'Angleterre des bas tricotés ; c'était une merveille à cette époque où l'on n'avait encore que des bas drapés. L'indienne, au xviii° siècle, valait un louis l'aune, et les duchesses seules pouvaient se permettre d'en porter. Le cacao, le café, ont été des raretés pour nos pères, après avoir été ignorés des leurs. Le verre à vitre, il y a quelques siècles, était assez cher pour qu'on le remplaçât par du canevas grossier ou du papier huilé. Et les glaces, si communes aux fenêtres aujourd'hui et aux devantures de magasins, se sont singulièrement multipliées depuis le jour où j'ai vu — moi qui écris ces lignes — le premier échantillon de ce luxe placé à la boutique du chocolatier Marquis, sur la rue Vivienne, au grand ébahissement du public et au grand scandale des gens sages, qui prédisaient que cette folie serait le commencement de sa ruine.

Ainsi de suite à l'infini. Tout a commencé, tout commence par n'être accessible qu'à un petit nombre, à un seul quelquefois; puis, de proche en proche, l'imitation s'en mêlant, l'offre devenant plus abondante et plus facile, un plus grand nombre, puis un plus grand, puis un plus grand encore, peuvent y prétendre. Et, comme les bas, comme les chemises, comme les souliers, comme les vêtements de coton et de laine, comme l'acier des outils, des ciseaux et des couteaux, comme le gobelet de verre ou l'assiette de faïence, les objets réservés jadis aux privilégiés de la fortune tombent dans la consommation universelle.

Il a bien fallu un commencement à ce mouvement; et l'on ne saurait, par conséquent, condamner d'une façon absolue ceux qui, les premiers, le pouvant et en appréciant la valeur, se sont payé des choses rares et chères.

Est-ce à dire pour cela que toute dépense de luxe soit louable, ou même simplement innocente; et qu'il n'y ait dans les satisfactions que l'on s'accorde aucune mesure, aucune réserve à garder? Les réflexions présentées dans le chapitre précédent suffisent à mettre en garde contre cette erreur. Il faut évidemment, avant tout, que chacun tienne compte de ses ressources. Il faut même qu'avant de songer au superflu ou à l'agréable, il songe au nécessaire. Il faut aussi, n'en déplaise aux apologistes de la dépense, qu'il songe aux yeux des autres. Car il y a tel luxe d'ostentation et d'apparat plutôt que de jouissance personnelle, qui peut avoir par les sentiments qu'il éveille chez ceux qui en sont témoins, les conséquences les plus fâcheuses.

Franklin dit, quelque part, que ce sont les yeux des autres qui nous perdent, c'est-à-dire que c'est par vanité plus que par goût que nous nous laissons aller aux folles dépenses. Un vieillard que j'ai connu, exprimait à sa façon la même idée dans une conversation avec un jeune homme. « Mon ami, lui disait-il, « je vais vous donner une leçon de morale qui n'est « pas bien sévère. Elle ne l'est peut-être pas assez; « mais, telle qu'elle est, elle pourra vous être utile. « Ne faites de sottises que celles que vous aurez « réellement envie de faire; n'en faites pas pour les « autres, vous n'en ferez pas beaucoup. »

Oui, les yeux des autres nous perdent; et réciproquement, en voulant éblouir les yeux des autres, combien de fois ne les perdons-nous pas? Qui pourrait dire quels sentiments amers, quelle envie, quelle passion mauvaise, suscite tous les jours, dans les âmes ulcérées, l'étalage imprudent d'un luxe qui semble une insulte à la misère, à la nudité ou à la faim? Quelle convoitise et, par suite, quels égarements n'a point provoqués la vue intempestive d'un bijou, d'une toilette, d'un équipage?

« Vous êtes malheureuse, Madame, disait, dans un

de ses sermons, le pasteur Colani! Voulez-vous que je vous dise pourquoi? Un jour, je ne sais pas quand ni vous non plus, vous portiez une toilette, non pas seulement élégante et de bon goût, mais éclatante, voyante et de nature à attirer sur vous les regards. Et volontiers, en effet, les regards s'arrêtaient sur vous, car vous étiez belle, très belle.

« Mais derrière vous marchait une pauvre ouvrière à peine vêtue. Elle était belle aussi, plus belle encore que vous. En vous voyant, elle comprit qu'une toilette comme la vôtre ferait aussi bien sur ses épaules que sur les vôtres, et elle comprit aussi qu'il pouvait dépendre d'elle de se la procurer. Et voilà pourquoi votre vie est troublée, pourquoi la désunion est dans votre ménage, pourquoi votre fils, à l'exemple de son père, a déserté le foyer de la famille, et pourquoi les consolations qui devaient être réservées à votre âge mûr et à votre vieillesse, vous seront peut-être à jamais interdites. »

Franklin n'est pas aussi sévère. Il est de ceux qui disent, comme saint Paul, qu'il faut de la mesure en tout, même dans la sagesse. Il en a mis, à mon avis, beaucoup dans ses opinions sur le luxe; et c'est pour cela que je lui laisse le soin de donner ce que je crois la note vraie. On l'aura, si l'on veut bien combiner ensemble les deux anecdotes que voici:

Un jour, — c'était à l'époque où il était en Europe, occupé à négocier pour son pays une alliance avec la France, — il reçut une lettre de sa fille Sarah, qui lui demandait des plumes et de la dentelle. Le général Washington, qui n'avait point terminé son œuvre, mais qui était déjà l'orgueil et l'espoir de ses compatriotes, devait venir à Philadelphie. On se proposait de donner une fête à cette occasion; et Mlle Franklin voulait y paraître convenablement parée, pour faire honneur au goût de son père.

« Ma chère Sally, répondit Franklin, votre lettre m'a peiné. C'est comme si vous aviez mis du sel dans mes fraises. (Il paraît que le sage Américain aimait les fraises et qu'il les mangeait sans sel.) Vous ne tricotez donc plus ? Vous ne faites donc plus de charpie pour nos blessés ? Vous demandez des plumes ; il y en a à la queue de tous les coqs d'Amérique. Et quant à la dentelle, faites comme votre père : portez vos manchettes jusqu'à ce qu'elles soient trouées ; cela vous fera de la dentelle. Vous dites que vous voulez être parée pour faire honneur au goût de votre père ; sachez qu'au milieu de la misère publique le goût de votre père est que vous ne soyez pas parée. »

Voilà la première anecdote, la première opinion de Franklin qui pourrait paraître bien rigoureuse si l'on ne tenait compte de cette parenthèse « *au milieu de la misère publique* ». Et voici, maintenant, la seconde qui donne, je ne dirai point la contre-partie, mais le tempérament.

Franklin avait reçu, nous dit-il, d'un batelier du cap May un service qu'il ne pouvait convenablement payer en argent. Il consulta Mme Franklin, qui était une femme de bon sens ; et celle-ci, ayant su que le batelier avait une fille, lui envoya un joli bonnet. Une couple d'années se passèrent sans que Franklin eût revu son batelier. L'ayant enfin rencontré, on en vint, au cours de la conversation, à parler du bonnet ; et Franklin crut pouvoir demander au bonhomme s'il avait fait plaisir à sa fille.

« Oh ! pour cela, oui, Monsieur Franklin, répondit

celui-ci. Mais tout de même c'est un bonnet qui a coûté bien cher au pays ! » — « Comment cela, mon ami, s'il vous plaît ? » — « Dame, vous comprenez, quand ma fille parut dans l'assemblée avec ce joli bonnet, toutes ses compagnes ont voulu en avoir de pareils ; j'ai calculé que cela avait dû coûter au moins 100 livres sterling. » — « Vous ne dites pas tout, père Mathieu, reprit alors un gros fermier des environs, qui assistait à la conversation. Il faut que M. Franklin sache que pour acheter des bonnets et des rubans nos filles se sont mises à tricoter des mitaines pour la ville. Et, ma foi, c'est une industrie qui rapporte gros dans le pays ! »

« L'histoire me parut instructive, ajoute Franklin ; et je ne fus pas fâché de cet échantillon de ce que peut produire le luxe. Car, enfin, les jeunes filles de ce canton se sont trouvées plus heureuses en portant de jolis bonnets et les habitants de Philadelphie en se fournissant de bonnes mitaines. »

Franklin a raison. Le luxe, ou plutôt la satisfaction de besoins nouveaux précédemment non satisfaits, n'a rien de répréhensible lorsque cette satisfaction est obtenue au prix du travail et de l'effort. Elle en est à la fois l'aiguillon et la récompense. C'est le progrès, accompli par quelques-uns d'abord et pour quelques-uns, mais bientôt au profit de tous. La dépense ainsi entendue peut, bien que cela ressemble à un paradoxe, produire plus qu'elle ne coûte.

Mais la dépense pour la dépense, l'étalage pour l'étalage, le gaspillage pour le gaspillage, l'ostentation de l'inutile sous les yeux de ceux à qui manque le nécessaire, ce luxe-là, si tant est qu'il mérite le nom de luxe, est inavouable pour l'économiste comme pour le moraliste. Il n'ajoute rien à la richesse ; car il dissipe sans remplacer. Il ne stimule point l'effort ; il le paralyserait plutôt. Il ne fait pas, comme on le dit trop volontiers, aller le commerce en fournissant du travail aux ouvriers ; mais ce qu'il donne d'une façon très apparente, cela est vrai, à quelque branche de commerce, pas toujours recommandable, et à quelque catégorie d'ouvriers, il l'enlève à d'autres ; il n'alimente des industries indifférentes, sinon même contraires à la prospérité générale, qu'en appauvrissant dans une mesure plus large des industries fécondes et bienfaisantes. Une fois de plus, combien de fois y a-t-il lieu de le répéter : Ce qu'on voit, éblouit les yeux, et empêche de tenir compte de ce qu'on ne voit pas.

XXVI

LE MÉPRIS DE LA VIE

C'est une belle chose que le courage, le courage militaire aussi bien que les autres courages. Je dis aussi bien, et je ne dis pas davantage, parce que, à mon avis, le mérite est le même, partout où sont les mêmes le péril, la souffrance, l'effort sur soi-même, le sentiment du devoir. Certes, le soldat qui, fidèle observateur de sa consigne, soutenu par le sentiment de l'honneur du drapeau, se disant que, pour sa petite part, il est le défenseur du sol national ou le représentant, au loin, du nom et du prestige de sa patrie, meurt obscurément en faisant son devoir ; oui, certes, celui-là est un héros, digne à tous égards d'une admiration que beaucoup lui prodiguent de loin en termes généraux, mais qui ne lui vaudra peut-être pas, à ses derniers moments, la moindre marque d'estime et d'affection.

Mais n'est-ce pas un héros aussi celui qui, dans la vie civile, affronte ou supporte les épreuves et les dangers de toutes sortes, non plus en donnant la mort à ses semblables, mais en leur sauvant la vie ou en essayant d'éloigner d'eux la maladie et la douleur? N'est-ce pas un héros, ce sauveteur qui, au péril de ses jours, arrache le naufragé aux vagues furieuses, enlève, à travers les flammes, l'incendié près de périr, ou va rechercher, dans le fond de la mine, au risque de nouvelles explosions ou de nouveaux éboulements, les malheureux qui ont survécu aux premiers coups de grisou ? N'est-ce pas un héros, ce capitaine qui, le dernier sur son bord, attend, en présidant à l'embarquement des passagers, que le navire sombre avec lui ; ce mécanicien qui, sur sa locomotive, blessé, brûlé, mourant, trouve, dans le sentiment de sa responsabilité, la force de diriger encore le train qui lui a été confié et ne succombe à la douleur qu'après avoir achevé la manœuvre nécessaire ?

Ne sont-ce pas des héros, ces médecins, ces infirmiers et ces infirmières qui, chaque jour, tranquillement, sans s'en faire gloire même dans le fond de leur cœur, bravent la contagion qu'ils connaissent et boivent pour ainsi dire, par anticipation, la mort à toute minute ? ces explorateurs que n'arrêtent ni le soleil, ni les glaces, ni la fièvre, ni les bêtes féroces, ni la perspective des tortures qui les attendent, heureux si, pour prix de tant d'efforts et de sacrifices, ils peuvent faire faire quelques pas à la science et à la civilisation ? ou ces physiciens, ces chimistes, ces physiologistes qui, dans leurs expériences délicates et hasardeuses, penchés sur les bords du redoutable inconnu, sont constamment exposés à y tomber ou à en voir sortir quelque puissance meurtrière ?

Partout, oui, partout, il y a place pour l'héroïsme ; car, partout, il y a place pour le devoir. Et peut-être, à bien dire, le plus véritable héroïsme n'est-il pas celui qui se manifeste sous des formes saisissantes, comme une élévation subite et violente de la nature humaine au-dessus d'elle-même, mais bien au contraire cet héroïsme obscur, tranquille, ignoré, pour ainsi dire, de lui-même comme du reste du monde, qui consiste en une suite ininterrompue de petits mérites et de petits sacrifices accumulés les uns sur les autres et formant comme une trame unie et continue de bien-vivre : l'héroïsme du bon ouvrier, du petit fonctionnaire qui, chaque jour, recommence la même tâche à peine suffisante pour les difficultés de chaque jour et va ainsi, sans plainte, sans découragement, sans amertume, pendant trente, quarante ou cinquante ans ; celui de la pauvre veuve, ou, pis encore, de la femme abandonnée avec ses enfants, qui, par son humble labeur, arrive à soutenir leur existence, à les élever, à mettre dans leurs cœurs le respect d'eux-mêmes et des autres ; petite lampe, comme dit admirablement Laboulaye, dont la lumière n'est pas grande, dans l'étroit logis qu'elle éclaire, mais qui ne s'éteint jamais et qui fait dire simplement à ceux qui en ont entrevu la clarté : voilà une honnête femme.

Et qu'est-ce au fond que cet héroïsme qui prend tant de formes? Quel en est, sous ses formes diverses, le trait commun et véritablement caractéristique ? C'est le sentiment du devoir poussé à ses dernières limites. C'est le bon emploi, l'emploi aussi bon que possible de la vie, ce bien qui nous a été donné à tous et qui comprend tous les autres. Ce n'est donc pas, comme on le dit trop souvent à l'occasion de ce courage dont j'ai parlé d'abord, le courage militaire, ce n'est pas le mépris de la vie, c'est le respect de la vie. Mépriser la vie, jouer avec elle, la sacrifier légèrement et l'exposer, elle ou les éléments dont elle se compose : santé, force, intelligence, dans des aventures sans portée et sans but : ce n'est point faire preuve d'énergie, de grandeur d'âme, de valeur morale. C'est faire preuve, au contraire, de faiblesse, de petitesse d'esprit et de bassesse de sentiments. Donner sa vie, sans doute, quand il le faut, c'est le suprême sacrifice ; et c'est peut-être le suprême honneur. Mais à une condition, c'est que ce qu'on donne, on en sache le prix et qu'on ne le donne qu'à bon escient. C'est qu'à part ces heures où l'acceptation de la mort s'impose, l'emploi de la vie soit la règle. C'est surtout qu'en respectant sa propre vie, on respecte celle des autres ; et que toutes ces grandes phrases sur la beauté du mépris de la vie ne signifient pas tout simplement qu'on ne fait aucun cas de celle des autres et qu'on est prêt, pour la satisfaction de ses ambitions et de ses desseins, à fouler aux pieds ou à jeter dans le mortier sanglant de la guerre des existences dont on n'est pas digne de comprendre la valeur.

Le mépris de la vie chez soi et surtout chez les autres, c'est le mépris de l'humanité. « Vous perdrez peut-être, disait le grand maréchal de Vauban à Louis XIV, en essayant de le dissuader d'un assaut imprudent, tel homme qui, à lui seul, vaut plus que la place. » — « Une autre fois je vous croirai, » lui dit le roi le lendemain, après avoir éprouvé un échec.

Quand donc nos grands politiques, éclairés par tant d'expériences, auront-ils le bon sens tardif de dire, comme Louis XIV : Une autre fois nous serons plus sages, et se convaincront-ils que, de tous les biens de ce monde, le plus précieux, le plus sacré, le plus inviolable, c'est la vie humaine, puisque tout le reste en est fait ?

XXVII

IL N'Y A PAS DE FUMÉE SANS FEU

Distinguons, s'il vous plaît, Mademoiselle, comme dit si agréablement Thomas Diafoirus à l'aimable fille du malade imaginaire; distinguons.

Au propre, assurément, lorsque nous voyons quelque part s'élever dans l'air une fumée, nous en pouvons conclure, à moins que cette fumée n'en soit pas une et ne soit, par hasard, un brouillard, une simple vapeur, qu'il y a quelque part, pour donner naissance à cette fumée, sinon une flamme, tout au moins un foyer de chaleur.

Ce sera, peut-être, la haute cheminée dont le tirage donne le mouvement à une vaste usine; peut-être, la locomotive ou le navire, qui emportent avec eux la force même qui leur donne l'impulsion; peut-être, l'âtre modeste autour duquel se réunit une famille; peut-être, le premier commencement d'un incendie qui va dévorer tout un groupe d'habitations, ou tout simplement la fermentation d'une meule de foin mal séchée, ou d'un tas de fumier dont un jardinier va faire une couche.

Fumée matérielle, petite ou grande; feu ou chaleur : c'est l'effet et la cause. Et il n'y a pas d'effet sans cause ; le proverbe a raison.

Il n'en est plus de même lorsque, passant du propre au figuré, c'est dans un sens moral que l'on prétend tirer argument de cette locution.

Pas de fumée sans feu, c'est-à-dire pas de soupçons sans motifs, pas d'accusation sans fondement, pas d'articulation, si insensée qu'elle soit, qui ne suppose une parcelle au moins de vérité.

Mais alors, non seulement la réputation, mais l'honnêteté de chacun de nous serait à la merci du premier malveillant venu ; il suffirait à un homme de mauvaise foi de dire que ses oreilles ou ses yeux ont surpris quelque acte répréhensible ; à un homme de bonne foi d'avoir cru voir ou entendre ce qu'il n'aurait ni vu ni entendu, pour qu'à tout jamais une légende d'infamie enveloppât la vie la plus pure ; la calomnie se prouverait par elle-même.

Heureusement, il n'en n'est rien. On peut être, on est presque toujours, lorsqu'on est plus ou moins un homme public, exposé aux injures et aux attaques ; on n'en est pas pour cela moins pur et moins digne de l'estime des honnêtes gens. On peut être, pendant sa vie, traîné sur la claie et devenir, après sa mort, l'objet du respect et de l'admiration universelle.

Mais cette justice tardive ne répare pas les injustices qu'elle efface. Et si, fort de sa conscience, l'homme de bien a pu, durant sa vie, se mettre au-dessus des outrages et de l'impopularité, ses contemporains n'en ont pas moins subi, par leur faute, le préjudice de se priver plus ou moins complètement de ses services, ou tout au moins d'affaiblir, en portant atteinte à sa réputation et en semant les obstacles sous ses pas, son activité, son influence et son autorité.

« Quant à vous, traître à l'amitié privée, hypocrite dans la vie publique, le monde ne pourra décider si vous êtes un apostat ou un imposteur, si vous avez déserté les bons principes, ou si vous n'avez jamais eu de principes d'aucune espèce. »

A qui s'adressait cette virulente apostrophe? Au plus illustre et au plus inattaquable des citoyens qui ont fondé la République des États-Unis, à Washington lui-même, au général qui n'avait jamais abusé de ses succès ou de son autorité, au président qui n'avait jamais fait servir son influence qu'au bien de la patrie, à l'homme de devoir que le pouvoir était venu chercher comme le plus capable et le meilleur, et qui, jamais, n'avait vu dans le pouvoir que l'occasion et l'obligation d'être utile aux siens.

Et ce n'était pas quelque fou ou quelque misérable vivant d'injures et de chantage ; c'était l'un des journaux les plus importants de l'époque, l'*Aurora* de Philadelphie, dont le patron était Jefferson, qui lançait contre le président réélu cette odieuse diatribe.

La réputation de Washington n'en a pas été atteinte, même alors ; elle l'aurait été qu'il n'en eût pas été moins grand.

Que penserions-nous, cependant, des Américains, si, parce qu'il était accusé, ils s'étaient dit qu'il n'était pas tout à fait sans reproche?

Français de la troisième République, à qui il suffit qu'un folliculaire quelconque, qu'un vendeur attitré de fausses nouvelles et de faux papiers ait jeté de sa bave sur un nom respecté pour que vous répétiez, en hochant la tête d'un air sentencieux : Il n'y a pas de fumée sans feu, que croyez-vous que l'on pensera de vous lorsque l'histoire aura prononcé son verdict?

Répudiez donc, une bonne fois, ce proverbe menteur, à moins, toutefois, que vous ne le retourniez contre les colporteurs de mensonges et de diffamations et que vous ne disiez, en leur laissant pour compte leurs infamies : Non, il n'y a point de fumée sans feu ; point d'accusation sans coupable ; mais le coupable c'est celui qui accuse à tort. L'homme que doit atteindre le mépris, c'est celui à qui a été due cette fumée menteuse.

XXVIII

ON PRODUIT TROP

C'est inconcevable, en vérité, comme les sophismes ont la vie dure. Plus ils sont absurdes même, plus ils sont contradictoires dans leurs propres termes, et plus il semble qu'ils défient tous les arguments et toutes les révoltes du sens commun.

On produit trop; et c'est de là que viennent les souffrances de l'industrie, la gêne de l'agriculture et la misère des ouvriers. Tous les jours nous entendons répéter cette bourde comme parole d'évangile. Et ce ne sont pas seulement des gens ignorants ou dépourvus de toute intelligence qui la débitent; ce sont parfois — il faut bien le reconnaître — des gens qui font preuve, par ailleurs, de connaissances et de capacités.

S'ils voulaient bien y réfléchir, cependant, il leur serait aisé de voir que la proposition ne soutient pas l'examen. On produit trop; et c'est pour cela que l'on n'a pas assez. Franchement, il est difficile d'imaginer un défi plus hardi à la logique. Et si l'on entendait pour la première fois émettre cette étrange assertion, on douterait de l'état d'esprit de celui qui se la permettrait.

Mais elle est passée en habitude; on la répète comme on l'a entendu répéter; et les plus sages eux-mêmes ne savent pas toujours se défendre de la contagion du paradoxe.

Réfléchissons pourtant, si vous le voulez bien. Pourquoi se donne-t-on la peine de travailler? pour produire. Et pourquoi produit-on, sinon pour consommer? A quoi tend l'effort de tous ceux qui travaillent, quels que soient d'ailleurs la nature et l'objet de leur travail? A mieux produire, c'est-à-dire à obtenir davantage; à réduire leur peine et à en accroître le résultat. A quoi aspirent, de leur côté, ceux qui consomment, et qui, au fond, sont les mêmes, vus sous un autre aspect (car nous sommes tour à tour et tout à la fois producteurs et consommateurs)? A se procurer le plus de satisfaction possible, c'est-à-dire à consommer le plus possible. Et de quoi se plaignent-ils, quand ils se plaignent, ce qui est le cas ordinaire, sinon de ne satisfaire qu'imparfaitement leurs besoins ou leurs désirs, autrement dit de n'avoir pas assez à consommer? On chercherait loin, même parmi les plus riches, et dans les pays les plus favorisés, avant de trouver un homme à qui il ne manquât rien, et qui n'eût plus de souhaits à former.

Quel est, pour prendre la chose par un autre bout, l'idéal que l'imagination humaine s'est plu à se former d'un pays sans misères et sans souffrances? C'est celui du pays de Cocagne, dans lequel rien ne manque à personne, dans lequel, en d'autres termes, la consommation n'est jamais entravée, parce que la production y est sans limite et y défie l'épuisement.

Mais ne restons pas dans les généralité. Est

voyons, en prenant nos exemples dans la vie courante, quels peuvent bien être ces objets dont on produirait trop ?

Un des maîtres de la science économique, un de ceux qui avaient passé par le saint-simonisme et qui en avaient gardé tout au moins le sentiment le plus vif des besoins de l'humanité, Michel Chevalier, dans ses lettres sur l'organisation du travail, en 1848, a essayé cette revue ; et l'on ne saurait mieux faire que de le suivre.

Un jour, disait-il, il y a déjà bien longtemps, on entendit tomber du haut de la tribune de la Chambre des pairs cette parole qui aurait dû donner le frisson à tout homme dont le cœur n'est pas de pierre : *La France produit trop.*

La France produit trop ! Et de quoi est-ce, s'il vous plaît, que la France produit trop ?

Serait-ce du blé ? Mais, bien que le rendement de notre agriculture ait considérablement augmenté depuis un quart de siècle, il y a encore des millions de Français qui ne connaissent pas le pain de froment ; il y en a même beaucoup qui n'ont, en quantité suffisante, ni les pommes de terre, ni le seigle, ni le sarrasin, ni l'orge, ni le maïs ou les châtaignes, dont ils font leur nourriture.

Serait-ce de la viande ? On en mange davantage aussi ; mais combien nombreux sont ceux qui n'en mangent pas assez ! Pour combien de paysans, d'ouvriers astreints à de durs labeurs, la viande est-elle encore une rareté ? Ils ne demanderaient pas mieux que d'en avoir en plus grande abondance ; mais le bétail fait défaut, et le prix est trop élevé.

Serait-ce du vin ? Oh ! il y a, incontestablement, des

Français qui en boivent trop. Mais, quand on donnerait leur part à ceux qui n'en boivent pas du tout, il s'en faudrait que tous en eussent en quantité suffisante pour alimenter une consommation raisonnable. On ne voit pas que, faute d'acquéreurs, les vignerons et les marchands soient réduits à vider leurs tonneaux dans la rue.

Serait-ce du drap, de la toile, du coton? Nos compatriotes sont moins mal pourvus qu'au temps où Adam Smith constatait que les chemises et les souliers ne faisaient pas partie du salaire nécessaire d'un journalier français. Mais combien encore n'ont, ni comme linge, ni comme vêtement, de quoi satisfaire aux plus simples exigences de la propreté et de l'hygiène?

Nous pourrions passer en revue, à la suite ou à l'exemple du maître, tous les articles de la consommation la plus courante : chauffage, éclairage, mobilier, logement, outillage. Et pour tous, avec des différences et des degrés, nous ferions les mêmes constatations.

— Partout, si nous interrogions les intéressés, nous rencontrerions la même réponse : nous manquons de ceci ou de cela ; nous n'avons assez de rien.

— Or, avoir assez, c'est être riche ; n'avoir pas assez, c'est être pauvre. « La richesse des hommes, comme l'a dit Bastiat, c'est l'abondance des choses ; l'absence ou l'insuffisance des choses, c'est la pauvreté des hommes. » La vérité, concluait Michel Chevalier, et devons-nous conclure avec lui, c'est que la France ne produit pas assez. C'est que l'on ne produira jamais assez, jamais trop surtout, tant qu'il y aura des hommes qui manqueront du nécessaire ou de l'utile.

Mais pourtant, objecte-t-on — car il faut bien qu'à toute erreur il y ait au moins un prétexte — on ne saurait nier que bien souvent les produits ne restent invendus. Le cultivateur vend son blé ; mais il ne le vend pas ce qu'il voudrait. L'industriel, à certaines époques, voit les demandes se ralentir et la fabrication entasser dans ses magasins des articles dont il finit par ne savoir que faire. A des périodes d'activité succèdent des périodes de stagnation ; l'encombrement se produit et la crise arrive, se terminant fatalement par des faillites et des ruines.

Eh ! sans doute, nous savons cela. Ce n'est pas d'hier que les économistes se sont occupés de ces alternatives douloureuses. L'un d'eux, M. Clément Juglar, s'est même fait un nom en étudiant tout particulièrement la théorie des crises. Un riche manufacturier, qui a écrit, lui aussi, sur l'économie politique, Menier, avait coutume de dire quand on lui proposait un produit ou un procédé nouveau : « Je vois bien la machine à fabriquer ; mais je ne vois pas la machine à vendre ; montrez-la-moi, et nous pourrons nous entendre. » En d'autres termes, il ne sert de rien de produire, si l'on n'a pas les moyens de consommer.

Et c'est précisément la réponse à l'objection et l'explication du phénomène. Pourquoi ne vend-on pas ?

Est-ce parce que l'acheteur manque de l'envie d'acheter ? Non, puisqu'il y a toujours une infinité de mains prêtes à se tendre vers ces objets dont vous vous plaignez de ne pouvoir vous défaire. Non, puisqu'aussitôt que vous baissez les prix et à mesure que vous les baissez davantage, vous voyez se presser pour vous les prendre de nouvelles couches de plus en plus nombreuses de consommateurs.

L'acheteur manque de la puissance d'acheter ! Et pourquoi manque-t-il de la puissance d'acheter ? Parce qu'il n'a pas, lui, produit suffisamment pour offrir la contre-valeur du produit que vous voudriez lui vendre. L'excès de production générale est impossible. Ce qui est malheureusement possible et réel, c'est l'excès de production de certains articles par rapport aux ressources de ceux à qui ces articles peuvent convenir, c'est-à-dire un défaut de production de la part de ces derniers.

En terme de métier, c'est la clientèle qui manque. Or, que faut-il pour que la clientèle ne manque pas, pour que l'acheteur qui a envie d'acheter ait le moyen d'acheter et que, par suite, le vendeur qui a envie de vendre puisse vendre ? Il faut que l'activité productive se généralise ; que le marché s'étende, que les débouchés s'agrandissent ; que les obstacles qui s'interposent entre les lieux et les hommes, disparaissent ou s'abaissent ; et que, libres de travailler comme il leur convient, les hommes soient, en même temps, libres de vendre et d'acheter comme il leur convient. La richesse est faite pour circuler à travers les régions diverses, comme le sang à travers les organes du corps humain. Arrêtez, sur quelque point de son parcours, cette circulation du sang, vous aurez la congestion et ses conséquences. Cela voudra-t-il dire qu'il y ait trop de sang dans l'organisme ? Non ; cela voudra dire que certaines parties de l'organisme n'en ont pas reçu ce qu'elles en devaient recevoir. Arrêtez un ruisseau par un barrage ; vous provoquerez une inondation et l'on se plaindra de la surabondance des eaux ; mais au-dessous on se plaindra d'en manquer. Mettez des entraves au travail ; arrêtez par des barrières le mouvement du commerce ; repoussez ici les matières premières qui viennent alimenter les hommes, ailleurs les produits manufacturés qui viennent satisfaire à leurs divers besoins ; vous troublez le libre jeu de l'offre et de la demande, vous empêchez celui-ci d'acheter et par cela même celui-là de vendre ; et réciproquement. Vous provoquez des engorgements, des surabondances passagères et locales ; et vous dites : Il y a excès. Supprimez le barrage, faites disparaître l'obstacle à la circulation ; et tout reprendra son niveau. On ne peut trop produire, encore une fois, ni trop consommer si l'on consomme sagement ; mais à une condition, c'est que la production et la consommation restent libres.

XXIX

LE PAYS A BESOIN D'UNE SAIGNÉE

J'ignore à quelle époque cette belle formule a pris naissance. C'est, je suppose, à l'époque où les médecins, sous l'influence du célèbre Broussais, professaient que toutes les maladies viennent d'un excès de santé, et soumettaient régulièrement leur clientèle, malade ou non, à des saignées périodiques. On saignait les uns parce qu'ils étaient malades, et les autres pour les empêcher de le devenir. Le plus clair résultat de ce beau système a été de généraliser l'anémie; et la principale préoccupation des médecins, aujourd'hui, est de redonner du sang à ceux qui en manquent ou d'enrichir le peu qui leur en reste.

Mais, que la formule date d'une époque ou d'une autre, l'idée qu'elle exprime est vieille comme le monde et n'en est pas plus juste. C'est, en ce qui concerne les hommes, le pendant de celle qui voit dans l'excès de production la cause principale de la misère : trop de richesse, c'est pour cela que nous sommes pauvres; trop de producteurs, c'est pour cela que la production est insuffisante.

La seconde assertion, il faut en convenir, est plus spécieuse et moins évidemment absurde que la première. Dire que les parts de chacun sont trop petites parce que le gâteau à partager est trop gros, c'est une proposition qui se réfute elle même. Dire que les parts sont trop petites parce que les partageants sont trop nombreux, c'est, au contraire une proposition qui semble porter en elle-même sa démonstration. Et si, en effet, l'on ne prétentait pas dire autre chose, je n'aurais garde de m'inscrire en faux.

Mais ce n'est pas, on le sait de reste, ce que l'on prétend dire. On se figure qu'en faisant disparaître par la guerre une portion plus ou moins considérable de cette population, qui, à ce que l'on imagine, surabonde, on assurera au reste une existence meilleure et une consommation plus large.

Passe encore, s'il ne s'agissait que de transporter, sans qu'il en coûtât rien ou sans qu'il en coûtât gros au reste, la partie de la population supposée excessive sur d'autres territoires où la vie lui serait plus facile. Même richesse ici, et moins de bouches à nourrir : chaque bouche pourrait être mieux nourrie. Et elle le serait, en effet, si diminuer la population n'était pas, la plupart du temps, diminuer du même coup la production.

Mais ce n'est pas, on le sait, de cette façon que l'on entend les choses. Il ne s'agit pas d'un simple déplacement, d'une réduction sans frais de la partie consommante de la société ; il s'agit de la suppression, par la guerre, d'une fraction plus ou moins considérable de cette société. La population souffre, la misère sévit, les mécontentements grandissent, de sourdes idées de révolte fermentent ; les politiques ne sont pas embarrassés pour si peu ; une bonne guerre mettra ordre à tout, fera taire ceux qui resteront sur les champs de bataille et elle laissera aux autres, avec la satisfaction de la victoire ou les leçons de la défaite, une pitance moins étroitement mesurée.

Cela serait vrai, matériellement parlant, qu'au point de vue moral le procédé pourrait paraître étrange. Massacrer des hommes pour leur apprendre à vivre ou pour permettre aux autres de vivre moins mal, c'est du cannibalisme tout simplement; et du cannibalisme qui, pour être moins franc que celui des sauvages, n'en est pas moins odieux. On pourrait même dire qu'il l'est davantage, car il est plus bête et moins pratique. Tuer son semblable pour le manger, cela peut avoir son utilité. Le tuer pour le laisser pourrir et semer la peste parmi les survivants, c'est non seulement inutile, mais inepte et dangereux.

Mais ce n'est pas tout. Les hommes ne se tuent pas pour rien, de nos jours surtout. Et, s'il en coûte de les faire vivre, il en coûte bien davantage de les faire périr. Avec le prix d'un seul coup de ces canons monstres que dépasseront, demain, des canons plus monstres encore, on ferait subsister pendant une année deux ou trois familles. Pour tuer un homme, disait en son temps le maréchal de Saxe, il y faut employer son pesant de plomb. Ce sera bientôt son pesant d'or. Pour détruire, en d'autres termes, il faut plus de dépenses de capitaux, d'instruments et de travail que pour produire. Il faut détourner de l'agriculture, de l'industrie, du commerce, de la navigation, la portion la plus active, la plus vigoureuse, la plus productive de la nation. Il faut, pendant son apprentissage du métier des armes, la nourrir et l'entretenir chèrement aux dépens de la population civile. Il faut, quand elle passe à l'action, ravager les champs, renverser les usines, couper les ponts, combler les canaux, incendier les magasins, interrompre les communications, troubler partout, en un mot, le jeu de la vie sociale et semer comme à plaisir, avec le deuil et les larmes, la privation et la souffrance. On diminue le nombre des hommes, et ce sont précisément ceux qui produiraient le plus que l'on fait disparaître. On réduit dans une proportion dix fois plus considérable les ressources destinées à alimenter les hommes. Politique de barbares ; politique de dupes.

Non, le système des saignées ne vaut rien, pas plus pour l'ensemble d'une société que pour ses membres. Gardons nos forces et faisons-en bon usage. Laissons vivre les hommes et assurons-leur comme récompense de leur travail, la libre jouissance du fruit de leur travail. Et nous n'aurons pas besoin de nous ingénier à chercher des moyens de diminuer la concurrence des bouches ; la concurrence des bras y pourvoira.

XXX

L'OUVRIER AVEC SON SALAIRE
NE PEUT ACHETER SON PRODUIT

Parmi les sophismes au moyen desquels les gens qui vivent aux dépens de la crédulité populaire, exploitent la simplicité des ouvriers et surexcitent leurs passions, il n'en est pas de plus commun, et, hélas ! de plus écouté que celui-ci :

« Ouvriers, mes amis, c'est vous qui faites tout ; et ce sont d'autres qui ont la plus grande part des résultats de votre travail. Est-ce qu'avec votre salaire vous pouvez acheter votre produit ? Voilà une maison ! Qui est-ce qui l'a bâtie ? Des maçons. Est-ce qu'elle est à eux ? Est-ce qu'avec leur paye ils pourraient s'en procurer une pareille ? Voilà une paire de souliers, elle vaut quinze francs, combien l'ouvrier cordonnier a-t-il reçu pour la faire ? Trois francs. Il faudrait qu'il en fît cinq pour en avoir une : c'est le capital qui lui vole la différence. »

Eh non, certes, les maçons avec leur paye ne peuvent pas, même en se cotisant, acheter toutes les maisons auxquelles ils ont travaillé. — Non, l'ouvrier cordonnier ou tailleur, avec le prix de sa façon, ne peut pas acheter la chaussure ou le vêtement qu'il a coupé ou cousu. — Non, le garçon de ferme qui a mené la charrue dans le champ et répandu le grain dans le sillon ne peut pas, en échange de sa paye et comme équivalent de son salaire, réclamer toute la récolte dont il se croit le père.

Et c'est fort heureux, ma foi. Car, s'il en était autrement, que resterait-il donc aux autres travailleurs de toutes sortes qui ont contribué à l'œuvre à laquelle ils ont pris part? Quelle serait la rémunération de l'architecte qui a fait les plans, du charpentier qui a posé les solives, du chaufournier qui a cuit le plâtre, du carrier qui a extrait la pierre, du voiturier qui a tout apporté, et de ceux qui ont fabriqué les voitures, élevé les chevaux, installé les appareils et tout le reste dont la liste remplirait un volume? Que resterait-il pour le propriétaire qui a fourni la terre, et qui, peut-être, l'a défrichée à grand'peine ou achetée à grands frais; pour le fermier qui dirige le travail et qui fournit les instruments, les attelages, les fumiers et les semences; pour le fabricant qui a tissé l'étoffe et pour l'éleveur dont les moutons ont donné la laine; pour le tanneur enfin qui a préparé le cuir qu'il n'avait pas eu gratis; et pour tous ceux qui ont fait les différents outils nécessaires à la confection d'une paire de souliers? Chacun d'eux, à prendre à la lettre la formule, viendrait réclamer comme salaire la totalité du produit; et, au milieu de toutes ces compétitions, il pourrait bien n'en plus rien rester pour personne.

Je discutais un jour, dans une de nos plus grandes villes, à Bordeaux, cette fameuse formule. J'avais, en face de moi, au premier rang du millier d'auditeurs qui m'écoutaient, quelques-uns de ceux qui, peu de jours auparavant, par la façon dont ils avaient brodé sur ce thème, avaient failli transformer en manifestations violentes l'agitation des réunions publiques. « Tenez, leur dis-je, après avoir indiqué les considérations que je viens de rappeler, je vais vous faire la partie belle. On vous donnera la peau d'un veau que vous n'aurez point élevé ; une fosse que vous n'aurez point creusée ; de l'écorce que vous n'aurez ni récoltée ni broyée ; du fer que vous n'aurez point extrait des entrailles de la terre ; et même, si vous y tenez, des outils que vous seriez incapables de faire. Et avec cela on vous dira de faire une paire de souliers, mais de la faire tout seul, sans recourir à aucun aide étranger. Je repasserai dans dix ans : Vous n'aurez pas fait votre paire de souliers, je vous en défie. » J'attends encore la réponse et je l'attendrai longtemps.

Tâchons donc une bonne fois de voir les choses comme elles sont. Un produit, quel qu'il soit, est le résultat d'une multitude innombrable de travaux, d'efforts, d'idées, concourant, tantôt en connaissance de cause, tantôt sans le savoir, au même but. Dans le moindre objet, dans un verre ou dans une assiette de deux sous, dans un clou, dans une épingle, dans une plume de fer ou dans une allumette, on trouverait, si l'on pouvait suivre toute la série des opérations nécessaires à leur fabrication, que des milliers de mains sont intervenues et que des milliers de sueurs se sont confondues. Abatage des bois ou extraction des matières premières, construction des ateliers et des fours, préparation des métaux, découverte des procédés, invention et exécution des machines, moyens de transport, relations commerciales et industrielles : tout un monde est enfermé dans le moindre de ces articles ; et il n'en est pas un qui ne soit à proprement parler un miracle de la solidarité humaine. « Tous les métiers, disait Boisguilbert, labourent et ensemencent la terre ; tous concourent ; et aucun ne peut se vanter de faire seul son œuvre. » Mais, alors, tous doivent avoir leur part dans le résultat de cette invisible coopération ; et la valeur du produit, qui est le salaire total, doit se diviser en autant de fractions qu'il y a de coopérateurs. C'est une association dans laquelle le dividende doit être proportionnel à la mise.

Qu'il ne le soit pas toujours ; qu'il y ait des erreurs dans l'évaluation des divers services ; que telle partie prenante prenne trop, et telle autre pas assez : c'est possible ; et cela doit arriver plus d'une fois. Que l'on essaye donc de mieux faire les comptes ; que les prétentions diverses se produisent ; que surtout, sans violence et sans haine, on recherche les moyens d'accroître le rendement et, par suite, la rémunération du travail : rien de mieux ; et tout homme de bon sens doit s'y appliquer s'il le peut. On donnera ainsi à chacun ce qui réellement lui revient, c'est-à-dire son produit ou la représentation de son produit. Mais le produit de chacun ne peut être le produit de tous. Et si l'ouvrier, comme les autres agents de la production, veut réellement que son salaire lui permette *d'acheter son produit*, il faut qu'il se résigne, sous peine de tarir la source même de la production, à laisser aux autres la possibilité d'acheter le leur.

XXXI

SI VIS PACEM, PARA BELLUM

SI VOUS VOULEZ VIVRE EN PAIX AVEC VOS VOISINS, NE SONGEZ QU'A VOUS BATTRE AVEC EUX.

Encore une de ces bourdes proclamées depuis des siècles comme des vérités de sens commun et qui devraient être depuis longtemps la risée des hommes de bon sens. Bêtise humaine, que faut-il donc pour arriver à te démasquer ?

On demandait un jour à un professeur de boxe ou d'escrime, renommé pour son habileté, quelle était la meilleure pose à prendre pour parer les mauvais coups. « Être poli, répondit-il, et n'avoir pas la langue trop longue. » Il avait raison ce professeur. Et bien des gens qui se sont fait embrocher pour avoir trop cherché à se faire considérer comme de ceux auxquels on ne touche pas, auraient bien fait de s'en tenir à ces conseils. Bien des peuples aussi qui, pour avoir trop donné au développement de leurs forces soi-disant défensives, se sont laissés, un jour ou l'autre, aller à d'imprudents entraînements, ou ont attiré sur eux, en excitant les craintes ou en blessant l'orgueil de leurs voisins, les maux de la guerre et parfois de l'invasion.

Non. Ce n'est pas en vain que dans un pays, sauf des circonstances exceptionnelles qu'a malheureusement traversées le nôtre et qui, elles-mêmes, étaient le résultat de sa trop grande confiance en sa puissance militaire ; ce n'est pas en vain que, dans un pays qui vit de travail, d'industrie et de commerce, on subordonne tout au développement exagéré de l'armement. On croit assurer la sécurité extérieure du pays et on la compromet ; on croit garantir sa tranquillité intérieure et on sème l'agitation et le trouble.

Il est évident — et je ne sache pas qu'à part les Quakers personne le conteste — qu'il faut en tout pays et en tout temps une force publique. Mais il ne devrait pas être moins évident que cette force publique ne doit pas dépasser certaines limites. Un homme qui devrait traverser une région infestée de brigands ou de bêtes sauvages, serait imprudent s'il ne portait pas avec lui quelques bonnes armes. Il pourrait même, sans être déraisonnable, être muni d'une cotte de mailles et garantir sa tête par quelque coiffure de circonstance. Mais si, pour être plus invulnérable, il se chargeait tellement de cuirasses et de jambières qu'il ne pût, pour ainsi dire, plus marcher ; si, à sa ceinture ou sur ses épaules déjà alourdies, il entassait tant de fusils, de carabines, de pistolets et de cartouches, qu'il pût à peine en supporter la charge, il deviendrait bientôt la proie du premier qui songerait à l'attaquer et périrait sous le poids de son armure. Ce ne serait pas seulement la précaution inutile ; ce serait la précaution dangereuse.

N'est-il pas permis de se demander si l'Europe n'en est pas là ? Montesquieu écrivait déjà, il y a un siècle et demi, qu'elle périrait par ses gens de guerre. Que dirait-il de nos jours ? De tout ce que l'impôt, par ses mille artifices et ses mille canaux, parvient à extraire du produit du travail et de la substance des peuples, plus des deux tiers sont employés à préparer, sous prétexte de l'éviter, la guerre de l'avenir ou à payer les frais de la guerre du passé. Les plus belles années de la jeunesse de tous les hommes valides ; celles où se développent les aptitudes et se décident les carrières ; celles qui contiennent en germes déjà à demi éclos, comme les bourgeons du printemps, toute la féconde moisson d'activité et d'énergie productrice qu'ils portent en eux-mêmes ; ces belles et fortes années sont employées à oublier le métier, à devenir impropre à la profession, à perdre le goût du village, de l'atelier ou du champ, et à contracter trop souvent, quelle que soit la discipline du régiment, des habitudes peu favorables au travail et à l'épargne. On parle tous les jours de trésors de guerre ; et ces trésors de guerre, c'est dans un amas plus ou moins considérable de métaux précieux, de pièces d'or et d'argent ensevelies oisives dans les caves d'une banque nationale ou d'un trésor royal qu'on les fait consister. Le vrai trésor de guerre, celui qui ne s'épuise point comme s'épuisent, à mesure qu'on les tire de leurs cachettes, ces millions ou ces milliards, c'est l'énergie laborieuse des populations, c'est la culture qui vivifie le sol, c'est l'industrie qui transforme et façonne les produits, c'est le commerce qui fait circuler de région en région les éléments de la vie et du travail, c'est la prospérité publique, en un mot, capable, le jour où quelque grande calamité vient l'atteindre, de résister à tous les chocs et de suffire à toutes les exigences. Au lieu de laisser s'accumuler dans la paix les moyens de supporter, s'il le faut, les sacrifices de la guerre, on épuise à l'avance, jour par jour, les ressources et les forces. C'est la politique de Gribouille. Si vous voulez la paix, travaillez pour la paix.

XXXII

L'INÉPUISABLE RÉSERVOIR DE L'AVENIR

Victor Hugo, dans une de ses pièces, répond à un prince qui se croit maître du lendemain :

> Non, l'avenir n'est à personne,
> Sire, l'avenir est à Dieu.

Combien de gens, à commencer par Perrette, auraient besoin qu'on leur répétât cette vérité, ne fût-ce que pour les empêcher de casser leur pot-au-lait. Car trop compter sur l'avenir et, comme le font volontiers particuliers et nations, l'engager par avance, ce n'est pas seulement vendre la peau de l'ours avant de l'avoir couché par terre, c'est bien souvent manger son blé en herbe et se mettre, dès à présent, sur la paille.

Ne parlons, si vous voulez bien, que des nations, puisque, pour les particuliers, c'est leur affaire ; et ma foi, tant pis s'ils gèrent mal leur fortune. Mais la fortune publique, c'est notre affaire à tous ; et il importe que nous n'encouragions pas, par une fausse complaisance, des pratiques dont nous payons les frais.

Tous les jours, lorsque, pour combattre une proposition de dépense, quelque financier prudent objecte l'absence de ressources disponibles, vingt voix s'élèvent pour demander s'il a oublié le crédit. Empruntez, lui dit-on ; puisez dans l'inépuisable réservoir de l'avenir ; rejetez sur les générations qui nous suivront les charges que la génération actuelle trouverait trop lourdes ; pourvu que vous ayez dans votre budget annuel de quoi gager les intérêts, vous trouverez, sans recourir à l'impôt et sans appauvrir la nation, tous les milliards dont vous aurez besoin.

La scène n'est pas nouvelle, bien qu'elle se joue peut-être plus souvent de nos jours et qu'elle y soit plus ridicule encore qu'au temps passé.

Les rois, dans leurs conseils, ont entendu tenir ce langage et soutenir cette théorie avant qu'on l'eût mise à l'usage de Jacques Bonhomme.

Louis XIV, grand dépensier comme l'on sait, — il s'en est accusé à son lit de mort, — cherchait un jour le moyen de satisfaire je ne sais plus lequel de ses fastueux caprices. Colbert, qui professait qu'on doit épargner un sou aux choses inutiles et faire avec économie les choses nécessaires, opposait la pénurie du Trésor royal. M. de Lamoignon, désireux de complaire au Maître, fit observer que, si le roi n'avait pas d'argent, d'autres en avaient qui ne lui en refuseraient pas. Et il proposa un emprunt. Le ministre résista, mais sa résistance fut vaine : le roi ne calculait point, il ne voyait que la satisfaction de ses désirs : l'emprunt fut décidé.

En sortant, Colbert arrêta M. de Lamoignon dans l'antichambre. « Vous triomphez, Monsieur, lui dit-il ; il n'y a pas de quoi. Est-ce que vous croyez, par hasard, m'avoir appris que le roi pouvait emprunter? Je le savais, au moins aussi bien que vous, mais je me gardais bien de le lui dire ; car je sais aussi où l'on va quand on s'engage dans cette voie. Vous venez d'ouvrir une plaie que vos petits-fils ne verront pas fermer ; vous en répondrez à Dieu et à la postérité. »

L'histoire a montré qui avait vu juste, de Lamoignon ou de Colbert. C'est d'emprunt en emprunt, et, par suite, d'aggravation d'impôts en aggravation d'impôts, que les finances royales en sont arrivées aux extrémités qui ont amené la chute de la monarchie et la Révolution française.

C'est, qu'en effet, recourir à l'emprunt, c'est bien charger l'avenir qui sera le présent de demain ; mais ce n'est pas décharger le présent d'aujourd'hui. Tout emprunt, comme l'a dit Turgot, dans l'admirable lettre par laquelle il exposait à Louis XVI son plan de finances, suppose un impôt ou y conduit. Toute dépense, quelle que soit la façon dont on s'y prend pour faire arriver l'argent au Trésor public, est forcément payée sur les ressources actuellement existantes, et, par conséquent, appauvrit d'autant, si elle n'est pas couverte par des produits équivalents, la nation qui la supporte.

Laissons de côté, pour un instant, le vocabulaire officiel ! Ne parlons ni d'argent, ni de crédit, ni d'impôts, ni d'emprunts, ni d'amortissements, mais tout simplement de pain ou de viande. Et supposons, — ce qui, hélas, arrivait souvent, jadis, dans notre pays; ce qui arrive encore dans d'autres, — que nous soyons en face d'une récolte mauvaise ou tout simplement insuffisante! Tout naturellement, les prix s'élèveront, et tout naturellement aussi la consommation se restreindra de façon à se proportionner à la production, c'est-à-dire à la quantité consommable. Cela ne se fera pas sans gêne, sans souffrances peut-être ; mais, s'il en était autrement, faute de se priver un peu tout le long de l'année, on arriverait à être privé tout à fait avant qu'elle fût finie, et l'on mourrait de faim.

Tout le monde est donc d'accord pour recommander de ménager les ressources alimentaires du pays et d'éviter les gaspillages.

Survient un prétendu ami du peuple, qui s'afflige de le voir ainsi se rationner bien malgré lui ; qui, pour lui éviter de compter péniblement les bouchées lui dit, avec force belles phrases, qu'il est bien bon de se priver, comme s'il n'avait pas à sa disposition l'inépuisable grenier de l'avenir. La récolte a été médiocre ; c'est un accident, mais la prochaine sera meilleure et, si ce n'est pas la prochaine, ce sera la suivante ; l'on sait que les vaches grasses succèdent aux vaches maigres. Mangez, mes amis, mangez ! L'avenir suppléera à ce qui manque au présent.

Y aurait-il jamais assez de pierres à jeter au fou qui tiendrait un pareil langage ! Le dernier des enfants du village ne serait-il pas en état de lui répondre que le blé, comme l'a encore remarqué Turgot, ne se produit qu'une fois par an, et qu'une fois la récolte faite, il faut qu'elle suffise, à moins d'importation du dehors, jusqu'à la récolte nouvelle. Importation admise, il n'y a et il ne peut y avoir, à un moment donné et dans un pays et dans le monde, qu'une quantité donnée d'aliments, et l'on ne peut manger que ce qui existe.

Ce qui est vrai du blé est vrai de tout. Pain, viande, légumes, fruits, vêtements, chevaux, voitures, navires, métiers et outils, à tout moment, la somme des choses existantes est ce qu'elle est, et la mesure de la production est nécessairement la mesure de la consommation.

On peut, sans doute, en faisant bon usage de ce qui existe, le multiplier. Le grain semé donnera un épi, les outils bien employés en produiront d'autres, les animaux feront des petits, et les mains de l'homme, appliquées avec intelligence à leur tâche, répandront, autour de lui, de nouvelles richesses. Ce sera la récompense du travail et de l'économie. Mais cette récompense, il faudra l'attendre, comme il faut attendre que la fleur se change en fruit et que le fruit soit mûr. Si grande que puisse être l'abondance de l'avenir, c'est l'avenir seul qui pourra jouir de cette abondance. On prépare la récolte de l'année prochaine, mais on ne dispose que de la récolte de l'année passée.

Où donc, lorsque, pour éviter un impôt, on a recours à un emprunt, va-t-on chercher les ressources que fournit cet emprunt? Dans quelles bourses, dans quelles poches puise-t-on les millions ou les milliards que l'on a la prétention naïve de ne point enlever au capital actuel de la nation? Dans les poches et dans les bourses du contribuable. Il les vide volontairement, parce que vous lui promettez, en échange de son argent, un intérêt que vous appelez une rente; je ne dis pas non. Mais ce qu'il en tire pour l'apporter au guichet de souscription, il le prélève sur ses ressources actuelles tout aussi réellement que s'il le portait malgré lui au bureau du percepteur. Et, dans un cas comme dans l'autre, ce qui reste à sa disposition est diminué d'autant. Que vous préleviez un milliard par l'impôt ou un milliard par l'emprunt, c'est toujours un milliard qui est affecté à des dépenses publiques au lieu d'être affecté à des dépenses privées.

Il peut se faire, je ne le nie point, que ces dépenses soient nécessaires, inévitables. Il peut se faire aussi qu'elles soient productives ; un État, comme un particulier, peut faire une bonne affaire avec de l'argent emprunté. Il en est peut-être de même de l'impôt. Il faudrait même qu'il en fût ainsi pour qu'il fût toujours justifié ; car l'impôt serait sans excuse s'il n'était destiné à nous être restitué en services. Donc, il peut être admissible d'imposer au présent des sacrifices en vue de l'avenir. Mais ce n'est pas, comme on se l'imagine, l'avenir qui vient au secours du présent ; c'est le présent qui prépare l'avenir. S'il ne le fait pas, si le blé mis en terre ne donne pas de récolte, si l'argent prélevé par emprunt ou par impôt sur le public n'est pas, pour le public, la source d'avantages supérieurs à la privation qu'il éprouve, c'est pure duperie : autant vaudrait le jeter à l'eau.

Mieux vaudrait souvent ; car tout emprunt, je le répète, engendre un impôt. C'est pour avoir eu recours à l'emprunt, dans des circonstances quelquefois excusables, souvent aussi bien coupables, que nos prédécesseurs nous ont légué bien près d'un milliard et demi d'intérêts à payer, c'est-à-dire d'impôts à supporter tous les ans. C'est aussi pour s'être figuré que l'on ne chargeait pas le contribuable que l'on a fait souvent tant de dépenses, non seulement inutiles, mais dangereuses et funestes. Combien de guerres, par exemple, eussent été évitées si, avant de les entreprendre, on avait dû mettre sous les yeux des intéressés le total vrai de la carte à payer. Combien de fois, en présence de ce total, ils auraient avec raison trouvé qu'ils n'étaient pas assez riches pour payer leur gloire, encore moins pour payer le contraire.

Au début de la guerre de Crimée, de cette guerre qui a coûté une dizaine de milliards et des centaines de mille hommes et qui n'a rien produit pour personne, M. Gladstone, à propos d'un emprunt proposé par le Gouvernement, s'exprimait ainsi :

« Avec un pareil système, une nation ne sait réellement pas ce qu'elle fait. Les conséquences sont ajournées à un avenir indéfini. Et cependant, n'est-il pas juste que nous connaissions le prix des avantages que nous recherchons, afin que, comme il convient à des êtres intelligents et raisonnables, nous en prenions la charge sur nous-mêmes, au lieu de la léguer à notre descendance ? La nécessité de payer, année par année, les frais qu'entraîne la guerre, est un frein salutaire. Cela fait réfléchir à ce que l'on fait et évaluer d'avance l'avantage que l'on attend et la dépense dans laquelle on s'engage. »

Gladstone et Turgot ont raison ; John Bull et Jacques Bonhomme auraient eu tout profit à n'avoir jamais que de tels conseillers, et à les écouter. Qui paye ses dettes s'enrichit, dit le proverbe ; qui n'en contracte pas, évite de s'appauvrir. Ce n'est pas, je le sais, l'avis des grands politiques, qui estiment qu'avant tout il faut dorer la pilule aux contribuables, et, comme ils le disent, plumer la poule sans la faire crier. Mais c'est la seule conduite raisonnable et digne, la seule qui ne conduise point à des déceptions. En fait d'impôts, — comme en tout, — il faut savoir regarder les choses en face et les voir telles qu'elles sont.

XXXIII

L'AMORTISSEMENT

Tous les ans, depuis longtemps déjà, le budget de la France augmente. Le jour où il atteignit un milliard, M. Thiers, s'adressant aux députés, qu'épouvantait ce chiffre, disait en souriant : « Saluez ce chiffre modeste, vous ne le reverrez plus. »

On n'a pas revu, en effet, de budget d'un milliard ; mais on en a vu de deux, de trois, de trois et demi ; et la fin du siècle n'arrivera peut-être pas avant qu'on ait pu saluer au passage, sans espoir de le revoir, le budget de quatre milliards.

En même temps, la dette augmente. Elle approche aujourd'hui de trente-cinq milliards (je ne sais pas s'il est facile d'en faire très exactement le compte complet) ; et les arrérages de cette dette ne sont pas pour peu de chose dans l'énorme chiffre de notre budget, dont ils forment plus du tiers.

Dans ce budget, cependant, il y a un chapitre qui, au dire des financiers, devrait rassurer les plus craintifs et constituerait une sauvegarde infaillible. C'est le chapitre de l'amortissement. M. Thiers, que je viens de nommer, y attachait une importance extrême. Jamais, même aux époques les plus difficiles,

les plus désastreuses, il ne consentit à laisser toucher à cette réserve sacrée. Il fit (il le fallait bien) des emprunts de plusieurs milliards ; mais il maintint obstinément une provision de deux cents millions pour l'amortissement. On a diminué le chiffre depuis ; il est parfois descendu bien bas ; on ne l'a jamais complètement supprimé : c'est, paraît-il, le frein qui nous empêche de rouler dans l'abîme du déficit.

Mais nous y sommes, en déficit ; nous y sommes régulièrement, continûment, progressivement, puisque, constamment, nos dépenses excèdent nos recettes, et que, pour parer à ce que l'on appelle, par un bien joli euphémisme, des découverts, on est obligé de recourir périodiquement à de nouveaux emprunts.

L'amortissement n'aurait-il pas toutes les vertus qu'on lui prête ? et serait-ce, par hasard, une illusion et un trompe-l'œil ?

Hélas ! oui, mes chers concitoyens et honnêtes contribuables que vous êtes. Et il se pourrait bien, même, qu'au lieu de contribuer à la restauration de nos finances, ce merveilleux mécanisme n'eût fait que les compromettre davantage. Les mathématiques, avec leurs démonstrations prétendues infaillibles, nous jouent parfois de ces tours.

C'est en Angleterre, au siècle dernier, vers 1770, qu'un certain docteur Price, homme d'ailleurs fort distingué, a fait cette belle trouvaille. Il avait, chose facile, calculé qu'un capital — placé à 5 p. 100 et dont les intérêts seraient replacés à mesure au même taux, c'est-à-dire non dépensés — se trouverait doublé au bout d'environ quatorze ans. Un sou, placé de même, à la naissance de Jésus-Christ, aurait produit au bout de dix-sept ou dix-huit siècles, des millions et des milliards; toujours à la même condition de voir les intérêts et les intérêts des intérêts s'accumuler les uns sur les autres sans qu'on y touchât. Pareillement l'épi produit par un seul grain de blé, si l'on en semait tous les grains, et si, d'année en année, tous ceux qui en naîtraient étaient resemés à leur tour, aurait bientôt produit de quoi couvrir la terre entière et beaucoup d'autres planètes avec elle.

Il est vrai que ce n'est pas de cette façon que les choses se passent, et que l'on n'a pas l'habitude, surtout dans l'Administration des finances publiques, de laisser ainsi grossir la pelote, et de tout réserver pour l'atténuation des charges. C'est à quoi ne pensèrent ni le docteur Price, à qui il suffisait que ses calculs fussent justes, ni les ministres, à qui il suffisait qu'ils eussent l'air de l'être, et que le Parlement et le public en fussent dupes, ainsi qu'ils n'y ont point manqué.

On dit donc, lorsque l'on eut besoin de ressources, notamment pour la guerre que l'on soutenait contre Napoléon : Ménageons le public déjà trop chargé; ne demandons à l'impôt que ce qu'il est indispensable de lui demander; empruntons : nous rejetterons ainsi sur l'avenir les dépenses dont le poids écraserait le présent. Et, pour rembourser nos emprunts, pour amortir nos dettes, nous n'aurons, le docteur Price l'a démontré, qu'à prélever chaque année sur nos recettes une somme relativement insignifiante dont la multiplication naturelle reconstituera le capital emprunté.

A merveille! grand ministre et habile financier; vous n'auriez même eu qu'à prélever cette somme une fois pour toutes, sauf à lui laisser le temps de faire ses petits et les petits de ses petits, si, votre emprunt contracté et dépensé, vous n'en aviez pas contracté d'autres, et si, pour assurer le service de votre amortissement, vous n'aviez pas été réduit à ouvrir de nouvelles brèches à votre équilibre budgétaire !

Mais c'est ce dont vous vous êtes bien gardé ; pour boucher un trou vous en avez ouvert d'autres, et pour couvrir saint Paul, vous avez découvert saint Pierre. Tant et si bien qu'un beau jour d'autres financiers (qui n'étaient point ministres, mais qui n'y voyaient pas moins clair pour cela, un certain Ricardo entre autres, qui, comme banquier, avait soumissionné vos emprunts, mais, comme économiste et comme Anglais, les avait déplorés) — démontrèrent que votre amortissement fictif n'était qu'une jonglerie inepte et pernicieuse, et qu'en encourageant le gouvernement à faire des emprunts et le public à les tolérer, il avait contribué à accroître la dette de l'Angleterre et, avec la dette, l'impôt nécessaire pour en payer l'intérêt.

Cet avertissement fut entendu; l'amortissement fut supprimé, et c'est depuis ce temps, depuis ce temps seulement, que la Grande-Bretagne a pu réellement amortir, c'est-à-dire diminuer sa dette, en en remboursant une partie à mesure que des excédents de recettes sont venus le lui permettre.

Il n'y a, en effet, pour les États comme pour les particuliers, qu'un seul amortissement sérieux ; c'est celui qui consiste à prélever sur ses ressources actuelles de quoi diminuer ses engagements antérieurs.

Aussi longtemps donc que l'on n'aura pas mis ses

recettes au-dessus de ses dépenses, ou, ce qui est plus sûr, ses dépenses au-dessous de ses recettes, que l'on ne parle pas d'amortissement, que l'on ne joue pas cette comédie ridicule d'ouvrir, sous ce nom menteur, un chapitre auquel on porte un crédit de vingt-cinq, cinquante, de cent ou de deux cents millions, tandis que, dans un autre chapitre, on est obligé d'inscrire en dépenses le double ou le triple pour faire face aux exigences de la dette.

Et toi, Jacques Bonhomme, mon ami (qui as bien le droit de présenter quelques observations à ton régisseur, puisque tous les matins il te répète que tu es souverain et qu'il vient prendre tes ordres) demande-lui donc, une bonne fois pourquoi il te croit plus bête que ton cousin John Bull, et prie-le de faire disparaître du compte qu'il a la prétention de te rendre tous les ans, cet article fantasmagorique qui s'appelle l'amortissement.

Il ne t'importe guère qu'on maintienne, dans ce qu'on appelle la loi de finances, un artifice de comptabilité de plus ; mais il t'importe beaucoup qu'on laisse dans tes poches un peu plus de sous.

Et puisqu'il faut absolument que tu en donnes, et que tu en donnes beaucoup, pour payer les services publics, que du moins on ne t'en demande que pour de vrais services, pour des services qui te profitent, et qu'on te les demande franchement, comme tu les donnes, sans se moquer de toi en te disant que cela ne te coûte rien et qu'on a trouvé une formule pour te prendre ton argent sans que tu t'en aperçoives.

XXXIV

DETTE D'HONNEUR, AFFAIRE D'HONNEUR

Il y a longtemps qu'on a dit, à propos des aberrations de l'amour-propre : *Où diable la vanité va-t-elle se nicher ?*

On pourrait demander avec non moins de raison : *Où diable l'honneur va-t-il se nicher ?*

Voici un homme dont la vie est une suite de désordres et de malhonnêtetés. Il néglige sa famille. Il dissipe dans la débauche la fortune de sa femme et l'avenir de ses enfants. Il a recours, pour se procurer des ressources, à toutes les variétés d'escroquerie et d'abus de confiance. Il ne connaît, en un mot, aucun scrupule ; et le monde auquel il est mêlé ne lui en fait pas grief. Sa tenue est correcte, son langage convenable, il observe les formes : c'est un *gentleman*, il est reçu partout.

Mais cet homme, une nuit, a perdu au jeu l'argent qu'il n'avait pas ; et le voilà pris, soudain, de l'inquiétude la plus vive, et cherchant par tous les moyens à s'acquitter exactement dans les vingt-quatre heures de la dette qu'il vient de contracter. Il y va de son honneur, c'est une dette d'honneur.

Il a donc encore un honneur cet homme? Et il y a donc, pour lui et pour les autres, des engagements qui sont particulièrement sacrés ?

Oui. Et ces engagements sont ceux dont la cause n'est point honorable. Ce sont ceux que la loi (à tort suivant nous, mais par un sentiment qui se comprend) déclare ne point reconnaître, parce qu'ils n'ont pas de cause avouable.

En voici un autre du caractère le plus élevé, de la probité la plus rigoureuse, à qui, dans un journal à scandales, dans un livre de chantage, dans une discussion sans conséquence, un individu, universellement méprisé, a adressé une épithète blessante.

Oh! il ne s'agit pas de toute une polémique injurieuse et diffamatoire; il ne s'agit pas d'articulations tendant à faire croire qu'il a commis des actes honteux et coupables !

A ces attaques il aurait répondu en opposant la vérité au mensonge, ou, peut-être, en haussant les épaules.

Non. On l'a traité d'imbécile ; on lui a dit qu'il était un lâche.

Et cet homme, qui est au premier rang parmi les intelligences d'élite, ou qui, dans mainte occasion, dans la vie civile ou dans la vie militaire, a fait preuve du courage le plus intrépide et de la plus admirable énergie, parce qu'un polisson, sans talent et sans cœur, se sera permis à son égard une impertinence, se croira obligé de risquer sa vie utile et respectable contre celle d'un propre à rien dont la société n'a que faire et que personne ne regretterait !

C'est une affaire d'honneur ; et il se fait un point

d'honneur d'aller sur le terrain avec ce drôle à qui l'honneur est inconnu...

Et il se trouve des gens sérieux, ou croyant l'être, pour discuter sérieusement les conditions de cette affaire, pour en être les témoins, pour accepter la responsabilité des conséquences.

Je le dis encore une fois: « Où diable l'honneur va-t-il se nicher ? »

Et en quoi un coup d'épée bien ou mal donné ou reçu, ou deux balles échangées, selon la formule, *sans résultat*, peuvent-ils bien ajouter quelque chose à la considération d'un homme, le relever d'une déchéance et lui rendre l'honneur qu'il aurait perdu ?

On raconte qu'un jour, un individu qui avait le malheur d'exhaler une odeur fort désagréable, s'étant aperçu que son voisin paraissait éprouver quelque dégoût de son voisinage, s'avisa de lui demander raison du mouvement qu'il avait surpris.

« Eh ! monsieur, répondit l'autre, si je vous tue, vous sentirez encore plus mauvais ; et si c'est vous qui me tuez, nous sentirons mauvais tous les deux. Qu'est-ce que vous y aurez gagné ? »

N'en pourrait-on pas dire autant, avec quelques variantes, dans la plupart des cas ?

Il peut y avoir, exceptionnellement dans la vie, des circonstances dans lesquelles deux hommes, à tort ou à raison, à tort plutôt qu'à raison, sont animés l'un contre l'autre de tels sentiments de haine qu'il faut que l'un des deux disparaisse. C'est le duel à mort. Il est horrible ; et je ne voudrais rien dire qui pût le faire excuser. Il n'est pas absurde ; et tout en le déplorant et le blâmant, on peut le comprendre.

Mais que, sans animosité véritable, sans le moindre désir de se faire trouer la peau ou de la trouer à son semblable, on s'expose, pour un mot ou pour un geste, à l'un de ces désagréments ; que l'on prétende que l'honneur l'exige ; et qu'après avoir, par point d'honneur, donné ou reçu une piqûre à l'épaule ou à l'avant-bras, ou déchargé, au commandement, des pistolets dont les balles n'ont jamais tué personne, on s'entende déclarer et l'on se dise à soi-même que l'honneur est satisfait ! franchement c'est à n'y rien comprendre. Et il semble que ce soit une gageure contre le véritable honneur aussi bien que contre le bon sens.

Mais le propre de l'homme — (et ce qui le distingue des animaux, Beaumarchais a oublié ce trait) — c'est de manquer de bon sens et de faire, en s'en faisant gloire, le contraire de ce qu'il devrait et voudrait faire.

Comme complément aux réflexions qui précèdent, on lira peut-être avec plaisir l'anecdote que voici :

Il y a un certain nombre d'années, à la Chambre des députés, une discussion un peu vive s'éleva, à propos d'un incident de tribune, entre deux collègues assis sur des bancs voisins. L'un d'eux, emporté par la vivacité de son tempérament et sans, d'ailleurs, en vouloir autrement à l'autre, lâcha le mot d'*imbécile*. Là-dessus, les voisins aidant, demande de rétractation ou de réparation et tous les préliminaires d'une affaire d'honneur.

Cependant, les témoins, désireux d'éviter la rencontre, eurent l'idée de demander si, réellement, le mot d'*imbécile* était une injure telle qu'elle ne pût être lavée que dans le sang. Pour résoudre cette question délicate, ils ne trouvèrent rien de mieux que de la soumettre à un ancien officier, excellent homme et homme de cœur, le colonel de Plazanet.

« Messieurs, répondit avec le plus grand sérieux le brave colonel, de deux choses l'une : ou c'est la constatation d'un fait, ou c'est l'expression d'une opinion. Les faits, on n'y peut rien changer ; et les opinions, vous savez qu'elles sont libres. Je ne vois pas pourquoi l'on se couperait la gorge à ce propos. »

Et l'on ne se coupa pas la gorge ; qu'y aurait-on gagné ?

XXXV

L'INFAME CAPITAL

On entend, tous les jours, crier après le capital et les capitalistes. Je ne voudrais pas défendre tous les capitalistes individuellement, les capitalistes sont des hommes comme les ouvriers. Il y en a de bons, il y en a de mauvais ; il y en a qui ne sont ni bons ni mauvais. Le travail, lui, est bon par essence ; et le capital l'est aussi par une excellente raison, parce qu'il n'est autre chose que le fruit du travail et son aliment ; parce que, né de lui, il l'engendre à son tour, et qu'une société sans capital serait forcément une société sans travail. Je dis donc, honneur au travail ; mais je dis, en même temps, honneur au capital.

Un père montrait un jour, à son fils, des ouvriers occupés à bâtir une maison. Il lui faisait remarquer la facilité avec laquelle, à l'aide de quelques cordes et de quelques rouages, ces hommes élevaient des blocs de pierre que leurs mains eussent été impuissantes à ébranler. Il lui montrait la scie, le marteau, la lime, le pic, la pioche, entamant le granit ou le marbre, courbant ou brisant le fer, fouillant la terre, décuplant, en un mot, centuplant et au delà la puissance de nos organes et rendant facile ce qui, sans ce secours extérieur, eût été non seulement difficile mais impossible.

« Papa, dit tout à coup l'enfant, après avoir quelque temps regardé en silence, mais, quand on n'avait pas encore d'outils, avec quoi a-t-on fait le premier outil ? » C'était tout simplement la question de la naissance des machines, la question de la naissance du capital, dont les machines ou les outils sont une forme, que posait cet enfant. En remontant à l'apparition du premier instrument dont l'homme a armé sa main, en se plaçant en face de cette situation dans laquelle on n'avait rien et dans laquelle il fallait passer de rien à quelque chose, il constatait le mérite immense, inappréciable du travail, de ce premier travail désarmé, qui, à force d'ingéniosité, d'énergie et de persévérance, est arrivé à s'armer de quelques instruments grossiers et imparfaits. Du même coup, il proclamait la valeur de ces appareils, aussi précieux, dans leur imperfection, que peuvent l'être pour nous, dans leur puissance, les machines d'aujourd'hui. Par cela même qu'il avait coûté davantage à obtenir, le premier outil était plus sacré, sacré comme le travail pénible d'où il était sorti. Il en était la représentation, l'incarnation. Le maudire comme son ennemi c'eût été à la fois maudire ce travail lui-même et le désarmer.

Mais si, ensuite, aidé de ce premier capital, le travail qui l'a créé, arrive à créer plus facilement un second capital moins imparfait ; si, avec un outil grossier, il en fabrique un moins grossier, puis un moins grossier encore, et s'élève ainsi de la pierre au marteau et du marteau au marteau-pilon ; de là quenouille au rouet et du rouet au métier à filer; de l'épine à l'aiguille et de l'aiguille à la machine à coudre; du tronc d'arbre qui flotte à la pirogue, à la barque, au navire à voiles et au paquebot à vapeur, quelle est donc la différence de nature et à quel moment ce progrès, bienfaisant au début de l'armement des mains humaines, peut-il devenir malfaisant?

Ah! c'est que le capital, dit-on, peut attendre, tandis que le travail ne le peut point. Il peut vivre sur lui-même.

Eh! oui, sans doute, celui qui a des outils est plus avancé que celui qui n'en a point; et celui qui a des provisions est dans une situation meilleure que celui qui a à trouver sa nourriture du jour. Mais si, en abusant de cet avantage au lieu d'en profiter, il ne se sert pas de ses outils, s'il consomme ses provisions sans les renouveler, il sera bientôt dans la même situation que s'il n'avait point eu d'avances. Vivre sur soi-même, c'est vivre à ses dépens, se consumer ou se laisser consumer par le temps.

Le célèbre chimiste Liebig a conté, à ce sujet, une histoire significative. Un porc, gras à point et que son propriétaire voyait déjà transformé en jambons et en saucisses, est surpris par un éboulement dans une carrière. Grande désolation du bonhomme, qui est bien obligé d'en faire son deuil. C'est son capital qui a disparu. Quelques semaines se passent; on continue à extraire de la pierre et du sable; et, un beau jour, on vient lui dire qu'on a retrouvé son porc encore vivant. Grande joie cette fois; mais joie bien fugitive et bien trompeuse. L'animal, continuant à respirer la petite quantité d'air qui avait pu filtrer à travers les pierres, avait vécu sur lui-même d'une petite vie bien faible, semblable à la petite flamme d'une lampe baissée en veilleuse, mais qui, pour ne pas s'éteindre, doit continuer lentement à brûler son huile. Il avait brûlé sa graisse, puis sa chair, et il ne lui restait plus que la peau sur les os. Quelques jours encore, et la lampe eût été tout à fait éteinte. C'était le capital du bonhomme qui avait vécu sur lui-même.

Mettez à la place de cet animal ce que vous voudrez : des outils qui ne travaillent point et qui se rouillent ; des provisions dont on ne fait point usage et qui se gâtent ; des grains que l'on ne sème point et que dévorent les charançons et les souris ; de l'argent que l'on dépense pour subsister et que l'on ne remplace point par un travail productif : l'appauvrissement et la ruine sont fatals. Le capital, quoi qu'on en dise, ne se conserve pas. Il se renouvelle plus ou moins vite, et quand on ne le renouvelle pas, il s'use.

Or, pour se renouveler, il faut qu'il s'emploie. Il faut qu'il alimente le travail. Il faut que, rendant le travail possible et fructueux, il obtienne, sur le résultat auquel il coopère, une part qui le restitue et qui l'accroisse. Son intérêt donc, sa loi, sous peine de s'anéantir, c'est d'alimenter le travail. L'intérêt du travail, de son côté, c'est de trouver le capital largement offert, et de l'obtenir à des conditions peu onéreuses. Et voilà pourquoi, si le capital, — je veux dire si les capitalistes étaient sages, — ce seraient eux qui devraient crier sur les toits : honneur au travail. Et si le travail, — je veux dire si les travailleurs n'étaient point aveugles, — ce seraient eux qui devraient répéter sur tous les tons : honneur au capital !

XXXVI

LA LOI D'AIRAIN DU SALARIAT

On connaît la ridicule prétention du bourgeois gentilhomme, voulant absolument faire oublier aux autres et à lui-même que son père avait tenu boutique sur le pavé des Innocents. Et l'on se rappelle de quelle façon un valet effronté qui se moque de lui, exploite cette sotte vanité. « Votre père marchand, lui dit-il, c'est pure médisance! Il ne l'a jamais été. Tout ce qu'il faisait, c'est qu'il était fort obligeant et fort officieux. Et, comme il se connaissait fort bien en étoffes, il en allait choisir de tous les côtés, les faisait venir chez lui et les donnait à ses amis pour de l'argent. »

Se procurer des étoffes en les payant, est-ce que cela s'appelle acheter? et les céder à d'autres en se les faisant payer, est-ce que cela s'appelle vendre?

Je songe toujours à cette humiliation de M. Jourdain, à la pensée de devoir sa fortune au commerce, et aux grossières explications de Covielle, pour le soulager du poids de cette honte, lorsque je vois des gens rougir de recevoir le salaire de leurs peines et d'autres se faire gloire de ne point gagner ce qu'ils reçoivent.

Vivre noblement, c'est-à-dire vivre sans rien faire, était, jadis, et est encore, hélas! pour un trop grand nombre un titre d'honneur. Vivre de son salaire, c'est-à-dire vivre en travaillant, tend à devenir, pour un trop grand nombre, un avilissement auquel ils ne peuvent se résigner.

« Il faut abolir le salariat! Il faut soustraire les travailleurs au joug honteux du salariat! Le salariat est un contrat de servitude; » et c'est Cicéron qui l'a dit.

Les orateurs des réunions publiques et les publicistes, soi-disant démocrates, qui se prétendent et, parfois, se croient les apôtres de l'émancipation des travailleurs, ne citent pas toujours Cicéron (il n'est pas bien sûr qu'ils le connaissent, ni leur public non plus); mais, à cela près, ils ont grande chance de se faire applaudir en débitant les imprécations que je viens de rappeler contre la loi d'airain du salariat. A les en croire, la société serait divisée en deux classes : l'une qui vit de travail et de salaire, et qui s'en plaint; l'autre, dont elle voudrait bien prendre la place, qui ignore l'obligation du travail et la rémunération de ses peines, et qui puiserait, on ne sait comment, dans on ne sait quel trésor inépuisable, les ressources qui lui permettent de vivre dans l'oisiveté et de payer, en l'exploitant, le labeur de l'autre classe.

Qu'il y ait, dans les sociétés, même les moins imparfaites, des gens dont le travail n'est point suffisamment rétribué; et d'autres dont l'aisance ou la richesse ne sont pas suffisamment justifiées par un travail équivalent, personne ne saurait le contester. Le nombre des oisifs n'est pas ce que l'on croit; il y a longtemps que Rossi en a fait la remarque, et il tend à diminuer de plus en plus par la baisse progressive de l'intérêt des capitaux, qui conduit rapidement à la ruine ceux qui ne savent point entretenir, c'est-à-dire renouveler, par leur activité, les ressources dont ils se sont trouvés à une certaine heure en possession. Tel, que l'on représente comme vivant aux dépens d'autrui, est souvent comme inventeur, comme directeur d'usine ou de maison de commerce, comme ingénieur ou comme chimiste, non seulement plus laborieux, mais plus productif que ceux qui envient son loisir et qui lui doivent leurs moyens d'existence. Il n'en est pas moins vrai qu'il y a des oisifs; et qui pis est, des dissipateurs qui font de leur fortune un mauvais emploi : ce sont, bien qu'ils s'en défendent, les pires complices des prédications dirigées contre la richesse. Il y a des oisifs. Il y a des gens qui, sous prétexte de rendre des services qui n'en sont pas, se font allouer des avantages dont ils ne sont point dignes. Il y en a qui, par des procédés plus ou moins répréhensibles, réussissent à faire passer, de la poche des autres dans la leur, une partie plus ou moins considérable de leurs épargnes. Il y en a qui trompent sur le poids ou la qualité de la chose vendue, comme il y en a qui trompent sur la qualité du travail pour lequel ils sont payés et qui, méconnaissant la valeur de ce beau titre : *homme de Conscience*, gâchent les matières premières qui leur sont livrées ou perdent le temps qui leur est compté.

En haut, en bas, parmi les pauvres et parmi les riches, parmi les travailleurs manuels ou parmi les fonctionnaires, même les plus élevés, il y a des gens qui ne gagnent pas le salaire qu'ils reçoivent.

Mais des gens pour qui recevoir le salaire qu'ils ont gagné, soit une honte; des gens qui aient le droit de prétendre à autre chose qu'à recevoir le salaire qui leur est dû, il n'y en a pas, ou il ne devrait pas y en avoir. Car le salaire, c'est-à-dire, la rétribution méritée que l'on obtient en retour d'un effort et d'un service, c'est, non seulement la chose la plus honorable qu'il y ait au monde, mais la seule honorable et la seule avouable.

Mirabeau disait un jour : « Il n'y a que trois manières de subsister dans une société. Il faut absolument être mendiant, voleur ou salarié. » Et il ajoutait : « Le propriétaire lui-même n'est que le premier des salariés, recevant, en échange des produits qu'il livre à la société, les ressources qui le font vivre. »

Mirabeau avait raison ; en dehors de ces trois catégories, on peut hardiment défier le plus subtil des sophistes d'en trouver une quatrième.

Le mendiant, c'est celui qui, par des infortunes vraies ou supposées, par un appel sincère ou menteur à la pitié de ceux à qui il s'adresse, parfois aussi par la lassitude que leur inspirent ces importunités, ou par quelque autre sentiment plus ou moins respectable, obtient d'eux, avec leur aveu, des secours parfois minimes, parfois considérables. La mendicité, ainsi entendue, occupe une place très importante dans nos sociétés. Elle y a un budget énorme ; et nombre de gens qui tiennent plus ou moins le haut du pavé, ne diffèrent que par le chiffre de leurs recettes des vrais ou faux aveugles et culs-de-jatte qui tendent leur sébile aux passants au coin de la borne.

Le voleur, c'est celui qui, par la force ou par la

ruse, à l'insu de ceux qu'il dépouille ou à leur connaissance, mais sans leur consentement, s'approprie, plus ou moins largement, le bien d'autrui. Il n'y a pas moins de variétés de voleurs que de mendiants; et les prélèvements faits par cette seconde espèce de parasites sur le travail de la troisième catégorie n'est pas moins considérable. On peut, d'ailleurs, sans rien exagérer, classer parmi les voleurs une bonne partie des mendiants : tous ceux qui, pour exercer leur industrie, usent de mensonges; tous ceux même qui, pouvant travailler, ne le font pas, ou dont la misère même réelle est le fruit de leur paresse ou de leur inconduite. Mais hors de là, tout est salaire et il n'y a que des salariés. Oh! le salaire, comme le vol et la mendicité, revêt beaucoup de formes et prend beaucoup de noms. Quelques-uns lui ont été donnés pour le déguiser, cela est vrai, la vanité de M. Jourdain est féconde en ressources. Nous avons le traitement du fonctionnaire qui émarge au budget, l'indemnité du député ou du sénateur qui passe à la caisse une fois par mois, les honoraires du médecin sur la cheminée duquel l'or seul est admis, ou ceux de l'avocat à qui il est interdit, de par les statuts de l'ordre, de se faire payer, mais qui n'ouvre point un dossier sans s'être assuré que la pièce essentielle n'y fait pas défaut. Nous avons les jetons de présence de l'examinateur, d'un membre de commission, de l'administrateur d'une société, le cachet du maître à danser ou à chanter, les feux de l'artiste, les gages du domestique et la rétribution du professeur. Nous avons le dividende de l'actionnaire, les arrérages du rentier, le fret du navire, l'addition du restaurant, les frais de représentation des ministres et des ambassadeurs et la liste civile des souverains et des présidents de Républiques. Tout cela, n'en déplaise à ceux qui touchent et à ceux qui payent, est du salaire et encore du salaire. Et tout cela, en qualité de salaire, est légitime et honorable, à une condition, à une seule : c'est d'être justifié par un service équivalent.

Ce n'est donc point au salaire qu'il faut faire la guerre ; c'est aux rétributions qui n'en sont pas un Sinécures, faux services, monopoles, fonctions soi-disant protectrices de la liberté ou de la sécurité des citoyens, et qui n'ont d'autre résultat que de porter atteinte à leur liberté et à leur sécurité, en même temps qu'à leur bourse ; rétributions abusives de services insignifiants ou rétributions insuffisantes de services réels : voilà ce qu'il faut faire disparaître. Tous salariés, et tous salariés en proportion de nos services, suivant notre capacité et suivant nos œuvres, comme le disait la formule des saint-simoniens : voilà le régime vers lequel nous devrions tendre. Vivre de son salaire et ne vivre que de son salaire ; voilà l'idéal.

XXXVII

CELA FAIT ALLER LE COMMERCE

« Cela fait aller le commerce. » Voilà une phrase avec laquelle on n'est pas embarrassé pour justifier toutes les dépenses, même les plus folles, toutes les sottises, même les plus grosses ; je pourrais dire : pour se réjouir de tous les accidents, même les plus fâcheux.

Que de jeunes fous, après avoir trop bien dîné, jettent la vaisselle par la fenêtre, en disant au garçon qui les sert, d'ajouter cela sur la note ; on trouvera peut-être qu'ils mangent un peu vite leur bien en herbe et ne se montrent pas très soucieux de leur dignité ; mais on ne manquera pas de dire que, du moins, cela fait aller le commerce. Et, en effet, le restaurateur qui leur fera payer la casse trois fois ce qu'elle vaut, et le marchand de porcelaines et de cristaux chez qui il ira la remplacer, seront en droit de trouver, avec toutes sortes de raisons, que cela fait aller *leur* commerce.

Que de belles dames, amies de l'élégance et du luxe, curieuses surtout d'étonner et d'éblouir les yeux des autres, changent chaque jour de toilette, renouvellent à tout propos leur mobilier ou la tenture de leurs appartements, traînent dans la poussière ou dans la boue, lorsque par hasard elles daignent aller à pied, une longue queue de soie ou de velours qui sera bonne à mettre au rebut après quelques épreuves de ce genre ; il y aura, sans doute, de braves gens à qui cela fera mal au cœur, et d'honnêtes mères de famille qui se diront qu'avec quelques heures de ce gaspillage on les aurait convenablement vêtues, elles et leurs enfants. Mais on leur répondra, si par hasard ces critiques se produisent, qu'il ne faut pas voir les choses par les petits côtés, et que cela fait aller le commerce.

Et, en effet, les fabricants de Lyon ou de Saint-Étienne, les couturières et les couturiers, les modistes, les tapissiers et le reste trouveront, eux aussi, avec toutes sortes de raisons, que cela fait aller *leur* commerce.

Qu'un bon orage, accompagné de grêlons gros comme des noisettes ou des noix, hache, non seulement les moissons, les fleurs, les fruits et les légumes, mais les châssis et les cloches, et réduise les habitants de tout un quartier ou de toute une ville à courir après les vitriers, réduits eux-mêmes à faire venir du verre des fabriques ; on s'apitoiera sur le sort du cultivateur ou du maraîcher privés de leurs récoltes ; mais on se consolera en disant que cela fait aller le commerce. Et, en effet, le commerce de la vitrerie s'en trouvera bien, du moins pour l'instant.

De même, si un bon incendie détruit un certain nombre de maisons, si un bon tremblement de terre jette à bas des palais ou des chaumières, si une bonne explosion de gaz ou de vapeur renverse un atelier et met l'industriel dans la nécessité de le faire réparer :

cela fait travailler les ouvriers, observera-t-on en pensant aux maçons, aux charpentiers, aux terrassiers qu'il faut employer pour réparer le désastre.

M. le vicomte de Saint-Chamans, qui était, en son temps, un fort honnête homme et un partisan convaincu des doctrines protectionnistes, qui ne voyait rien au-dessus de la multiplication du travail et de l'effort, et prenait volontiers la sueur du cultivateur pour la moisson qu'elle prépare, a consciencieusement calculé ce que le grand incendie de Londres, en 1666, aurait, suivant' cette doctrine, ajouté à la richesse de l'Angleterre ? combien de maisons il avait fallu reconstruire ; combien d'ouvriers il avait fallu employer ; et, quand le bâtiment va, comme disait Martin Nadaud, qui était orfèvre, tout va.

Il est bien certain que maçons, charpentiers, peintres et couvreurs ont dû se voir fort occupés à cette époque, et que de fort grosses sommes ont passé en salaires à leur profit.

Mais il n'est pas moins certain, et c'est ce que M. de Saint-Chamans et les autres oublient de voir, que si cet argent n'avait pas été dépensé et ce temps employé à reconstruire les maisons détruites, c'est-à-dire à réparer le mal éprouvé et à remettre les choses à peu près au point où elles en étaient auparavant, ils auraient été employés à autre chose. Peut-être aurait-on construit d'autres maisons, fournissant également du travail aux ouvriers du bâtiment et donnant, en outre, ce qui eût été tout profit, des logements à ceux qui en avaient besoin et du revenu à leur propriétaire. Peut-être aurait-on amélioré les cultures, mis en chantier des navires, expédié des marchandises au loin ou fait venir des pays étrangers des objets de consommation ou des matières premières pour l'industrie. De façon ou d'autre, l'argent et le temps, employés à guérir le mal, eussent été employés à faire du bien, c'est-à-dire à obtenir des avantages nouveaux, des accroissements de richesse ou de jouissances qu'ils n'ont pu donner. Ils ont donc été relativement, du fait de l'incendie, consommés en pure perte. Ce qui est détruit est détruit, je l'ai dit ailleurs ; et ce qui est perdu est perdu.

Ne regardons donc point les choses par un seul côté. Ne nous demandons pas si l'argent dépensé et le travail accompli servent à quelqu'un ; mais demandons-nous s'ils n'auraient pas pu servir plus efficacement et à plus de monde. Faire aller le commerce du vitrier en empêchant d'aller le commerce du tailleur ou de l'épicier et en empêchant le consommateur, réduit à donner son argent, sans avoir une vitre de plus, d'acheter des habits, de l'huile ou de la chandelle, ce n'est pas faire aller le *commerce*, c'est faire aller *un* commerce. Ce n'est pas la même chose, quoi qu'on en pense. Il y a des dépenses qui diminuent l'actif disponible. Il y en a qui n'y ajoutent rien. Il y en a qui l'accroissent en entretenant l'activité générale et en laissant, derrière elles, des jouissances durables. Ces dernières seules sont réellement profitables. L'économie, en d'autres termes, et le bon emploi des ressources existantes sont les seuls moyens de faire réellement aller le commerce ; le gaspillage et la prodigalité l'empêchent d'aller.

XXXVIII

QUI CASSE LES VERRES LES PAYE

Oh! cette fois, voilà un proverbe contre lequel je ne m'insurge pas, que je déclare, au contraire, plein de sens et de vérité, et que je voudrais voir mieux connu et mieux compris.

Oui, qui casse les verres les paye, même quand il ne s'en doute pas, même quand il croit le contraire et s'imagine profiter de la casse.

Voici, par exemple, un jour d'effervescence ou d'émeute, des gens qui renversent des voitures, brisent des vitres, abattent des kiosques et se livrent à quelques-uns de ces dégâts stupides auxquels, malheureusement, la foule se laisse si facilement entraîner. Ceux qui sont arrêtés et condamnés payent assurément; mais ils se figurent qu'ils payent seuls et pour les autres. Ceux qui échappent à toute répression sont bien convaincus qu'ils en sont sortis sans qu'il leur en coutât rien.

Qui sait même s'il n'y en a pas dans le nombre : vitriers, menuisiers, plombiers ou autres, qui se vantent d'avoir fait l'affaire de leurs camarades ou la leur et d'avoir procuré du travail à leur corporation.

Eh! oui, sans doute, comme nous l'avons déjà

remarqué, il faudra réparer ce qui aura été endommagé ou détruit ; à supposer que ce soit réparable toutefois, et que dans leur sotte brutalité les casseurs de vitres n'aient pas détruit quelque chef-d'œuvre impossible à remplacer, brûlé quelques livres ou quelques manuscrits précieux, lacéré quelques toiles inimitables.

Oui, on réparera ou on remplacera ce qui sera réparable ou remplaçable. Mais, d'une part, la dépense nécessaire pour remettre les choses en l'état sera une dépense en pure perte et elle ne pourra être, comme elle l'aurait été, appliquée à une augmentation de richesse et de bien-être. Et, d'autre part, pour subvenir aux frais de cette dépense inutile, qui, plus ou moins complètement, retombera sur la commune ou sur l'État, il faudra faire appel à l'impôt, charger les contribuables ; et, en ladite qualité de contribuables, les casseurs de vitres en supporteront quelque chose. Ils supporteront également, et d'une façon permanente, leur quote-part, relativement petite, c'est possible, mais réelle de toutes les charges de police et de magistrature qu'entraînent le désordre de la rue et la crainte de son renouvellement. Ils souffriront du ralentissement des affaires, de l'inquiétude publique et de ses conséquences : ils auront, suivant l'expression vulgaire, craché en l'air pour que cela leur retombe sur le nez.

Donc, le proverbe a raison : *Qui casse les verres les paye.*

Mais le proverbe est insuffisant et incomplet. Et ce ne sont pas seulement ceux qui cassent les verres qui les payent, et ceux qui crachent en l'air à qui il en retombe quelque chose sur le nez. Et voilà pourquoi je voudrais qu'on s'appliquât davantage à faire l'éducation de ceux qui cassent les verres et à les empêcher d'en casser.

Le fait-on ? Comprend-on assez l'intérêt que l'on a, dans quelque situation que l'on se trouve, au maintien de l'ordre, au respect de la propriété et, par conséquent, à la réfutation de toutes ces idées fausses, de tous ces sophismes malfaisants et de tout ces sentiments de haine ou d'envie qui font le malheur de ceux qui les professent, mais qui font aussi le malheur de ceux qui les laissent subsister.

Des ouvriers, nourris de doctrines funestes, se figurent, quand ils sont appelés chez vous, être plus ou moins dans leur droit, et en tous cas servir leurs intérêts et ceux du travail, en s'arrangeant plus ou moins adroitement pour procurer derrière eux de l'ouvrage à d'autres. Ils font une sottise à leur point de vue, en même temps qu'une action malhonnête. Mais vous en souffrez, vous portez la peine de leur ignorance, vous payez pour les verres qu'ils ont cassés.

D'autres, mettant leurs théories en action sur une plus large échelle, attaquent la société elle-même, font la guerre au capital, nient la propriété, de la propagande par l'idée passent à la propagande par le fait, et font sauter vos maisons et vous avec. Vous payez plus cruellement les verres que vous n'avez point cassés.

Et, naturellement, vous jetez les hauts cris, s'il vous reste encore la voix pour crier ; et vous n'avez pas assez de malédictions pour ces actes de sauvagerie stupides.

Vous n'avez pas cassé les verres, c'est vrai. Mais

avez-vous bien fait tout ce qu'il fallait pour empêcher de les casser ou pour ôter aux gens l'envie de les casser? Lorsque la police a voulu arrêter un voleur ou un assassin, au lieu de lui prêter main-forte, ou de supposer tout au moins, jusqu'à preuve contraire, que le voleur ou l'assassin n'était pas une victime, n'avez-vous pas, comme d'instinct, pris parti contre la police? Lorsque d'honnêtes gens, au courant de toutes ces questions que l'on appelle questions sociales, vous ont dit qu'il était de votre intérêt comme de votre devoir d'étudier ces questions; lorsque, préoccupés des dangers de l'ignorance et de l'erreur, ils ont essayé, par la plume, par la parole, de combattre cette ignorance et cette erreur; lorsqu'à vous-mêmes, au nom de votre intérêt encore une fois et de votre devoir, ils se sont efforcés de montrer que vous semiez, comme à plaisir, autour de vous la graine des idées fausses d'où la logique tirerait les idées dangereuses et leurs fruits funestes : n'avez-vous pas haussé les épaules et n'avez-vous pas ri au nez de ces idéologues, en leur répondant que l'on ne discute pas avec les orateurs de clubs et de réunions publiques, et que les baïonnettes et les balles sont les vrais arguments à employer pour la défense de la société menacée? Vous n'avez pas cassé les vitres, vous n'avez pas élevé de barricades, vous n'avez pas démoli ou incendié les maisons; mais vous avez laissé faire tout cela, vous avez préparé, excité peut-être à le faire, ceux qui l'ont fait.

Un jour, — c'était en 1871, — après cette terrible et cruelle explosion de guerre civile qui a laissé derrière elle, malgré la répression, en partie à cause de la répression, tant de ressentiments et tant de causes de troubles, — quelqu'un, racontant certains épisodes de ces jours lugubres, citant avec un mépris indigné la résignation stupide, l'apathie incompréhensible d'une partie de la bourgeoisie parisienne : « on a vu, disait-il, des gens assez bêtes ou assez lâches pour laisser, sans rien dire, enduire leurs maisons de pétrole et préparer sous leurs yeux l'incendie de leurs meubles et de leurs valeurs. »

« On voit tous les jours, et depuis longtemps, pis que cela, répondis-je. On voit des gens qui se croient l'élite de la société, qui prétendent la gouverner et qui se donnent le titre de classes éclairées et dirigeantes, laisser enduire du pétrole moral, des idées les plus fausses et les plus subversives, le cerveau de leurs semblables. On les voit même trouver impertinents ceux qui les avertissent du danger qui se prépare. »

« Un prédicateur célèbre, pour avoir dit que ce sont parfois ceux qui reçoivent les balles qui ont chargé le fusil, s'est vu très mal noté dans un certain monde. »

« Ils enflamment ou laissent enflammer les têtes, et ils se croient innocents quand les têtes enflammées mettent le feu aux maisons. C'est logique, pourtant ; et il n'y a qu'un moyen d'arrêter le mal : c'est d'en tarir la source. »

XXXIX

MATIÈRES PREMIÈRES ET PRODUITS FABRIQUÉS

Peu de mots ont donné lieu à autant de débats que ces mots de matières premières et de produits fabriqués. C'est chose universellement admise, même pour les partisans les plus déclarés de la protection douanière, qu'il faut exempter de droits ou ne frapper que très légèrement les matières premières. Ce que la douane, d'après eux, doit protéger, ce qu'elle doit défendre contre la concurrence des similaires étrangers, ce sont les produits fabriqués, autrement dit le travail national qui s'y est incorporé. Les matières premières, éléments de ce travail, doivent au contraire, dans son intérêt, pouvoir s'offrir librement et à bas prix; c'est la première condition de son développement et de sa prospérité.

Parfaitement. Et ce n'est pas nous qui y contredirons. Mais que faut-il entendre par matières premières, et sur quelle base pourrait-on établir, avec quelque certitude, la délimitation entre les matières premières et les produits fabriqués?

Je vais faire dresser les cheveux sur la tête aux trois quarts de mes lecteurs; j'en suis certain. Mais qu'ils se rassurent, leur ébouriffement ne sera point de longue durée. Et s'ils veulent bien me suivre avec un peu d'attention et sans parti pris, j'ose croire qu'ils auront, dans quelques minutes, le pouls aussi calme qu'auparavant. Je dis, et j'entends qu'ils le répètent tout à l'heure avec moi, que cette distinction est vaine, et qu'il n'y a point dans le commerce de matières premières; qu'il n'y a que des produits fabriqués, à différents degrés : naissants, ébauchés ou finis. Ce qui revient à dire, s'ils aiment mieux cette manière de parler, que tout est à la fois, ou tour à tour, selon l'aspect sous lequel on l'envisage, matières premières et produits fabriqués.

Qu'est-ce qui fait la valeur d'un produit? C'est la connaissance qu'ont les hommes de son utilité, le désir que, par suite, pour une destination ou pour une autre, ils éprouvent de se le procurer, la somme de travail et d'efforts qu'il a été ou qu'il serait nécessaire de faire pour l'obtenir.

Là où l'homme n'est point intervenu, là où les choses sont à l'état primitif, vierges dans toute la force du terme, ignorantes de la main de l'homme et ignorées de lui, elles n'ont, quelles qu'elles puissent être, aucune valeur. C'est le cas de la houille, enfouie dans les entrailles de la terre et non signalée encore par le géologue ou l'ingénieur, des arbres magnifiques perdus dans les forêts impénétrables des bords de l'Amazone, de l'or, lui-même, dans son quartz ou dans son sable, avant l'arrivée du mineur. Combien de siècles les placers de la Californie et de l'Australie ont-ils dormi dans leur solitude, avant de s'éveiller pour éveiller ensuite des civilisations nouvelles, sous la pioche et la pelle des chercheurs d'or?

Voilà la matière première dans toute sa pureté, attendant les façons que doit lui faire subir le travail.

Le travail arrive, travail matériel, travail moral même; travail d'exploitation, travail de découverte qui rend l'exploitation possible et la prépare. Et, aussitôt, la chose entre dans le commerce et prend valeur. Aussitôt, elle cesse d'être matière première pour commencer à devenir produit. Le gisement reconnu est produit pour l'explorateur qui l'a découvert; le bois, pour le bûcheron ou le marchand qui a trouvé moyen de l'abattre et de le rendre transportable; la houille, pour le concessionnaire qui l'a mise au jour par le forage d'un puits, et pour l'ouvrier qui l'a extraite au prix d'un certain nombre d'heures de labeur. De même le blé pour le cultivateur, le vin pour le vigneron, la laine pour l'éleveur de moutons.

Oui, et personne n'y pourrait contredire. Mais ce n'est là que le premier pas qui ne se fait pas sans qu'on y pense, n'en déplaise à la chanson; qui n'est pas non plus le seul qui coûte, n'en déplaise au proverbe; mais qui, une fois fait, conduit nécessairement à d'autres. De ces arbres le charpentier, le menuisier, l'ébéniste, le tourneur, pour qui ils seront leurs matières premières, feront des poutres, des planches, des meubles qui seront leurs produits. Cette houille, vendue comme produit sur le carreau de la mine, sera achetée comme matière première par l'usinier, le maître de forges, la compagnie de chemins de fer ou le bateau à vapeur. Le blé sera la matière première du meunier, dont la farine, produit pour lui, entrera comme matière première chez le boulanger ou le pâtissier. Produit pour l'éleveur, la laine sera matière première pour le filateur, et, sous forme de fil, deviendra produit. Ce fil, pour le tisseur, sera matière première à son tour, puis l'étoffe, produit du tissage, passera comme matière première aux mains du tailleur et de la couturière : et ainsi de tout.

Si bien que l'on peut dire, avec la plus rigoureuse exactitude, que, la production n'étant qu'une série de transformations et de manipulations appliquées successivement aux mêmes objets, chaque objet, depuis son entrée dans le monde par la première atteinte de la main de l'homme, jusqu'à sa sortie par la consommation dernière qui le fait disparaître, est toujours, tout à la fois, matière première et produit. Comme cet antique dieu Janus, qui avait deux faces, l'une tournée vers le passé et l'autre vers l'avenir, il a, lui aussi, selon que l'on considère son passé ou son avenir, deux caractères, deux aspects, deux noms. Il est produit pour le travail d'hier, il est matière première pour le travail de demain. Dès lors, que deviennent toutes ces distinctions d'écoles et de partis ? Comment justifier cette prétention de favoriser le travail national en le frappant ici et en le ménageant là? A quelque point que vous l'atteigniez, à quelque étape que vous cherchiez à l'arrêter ou à ralentir sa marche, ce n'est pas seulement l'œuvre du passé, que vous appelez produit, c'est la semence de l'avenir, que vous appelez matière première, que vous frappez.

Filateur, vous me grevez en frappant le coton ou la laine ; tisseur, vous ne me frappez pas moins en frappant le fil ; tailleur et consommateur, vous me grevez en frappant l'un ou l'autre et en frappant l'étoffe. Travailleur, pour tout dire, de quelque profession que ce soit et sur quelque produit que s'exerce mon industrie, c'est mon travail que vous gênez, que vous renchérissez, que vous alourdissez dans la grande lutte de l'universelle concurrence.

Et voilà comment, quoi que l'on fasse, ce que l'on appelle protéger le travail national aboutit fatalement à contrarier le travail national. Il n'y a d'autre protection efficace pour le travail que la liberté. En dehors d'elle, tout est illusion, mensonge, injustice, arbitraire, inégalité, et finalement déception.

XL

TOUT HOMME A LE DROIT DE VIVRE

Tout homme a le droit de vivre, dit-on souvent ; et l'on en conclut que tout homme a le droit d'exiger de la société, c'est-à-dire de ses semblables, qu'ils le fassent vivre. Ce n'est pas du tout la même chose. Et Malthus, qui a pu commettre plus d'une erreur, mais que l'on accusera vainement de barbarie et d'inhumanité, n'a fait que constater une vérité de pur sens commun, lorsqu'il a dit : « Oui, tout homme a le droit de vivre mille ans s'il le peut ; et nul n'est fondé à l'en empêcher. Mais il faut qu'il le puisse. »

Pareillement, tout homme a le droit de travailler. C'est même, comme l'ont remarqué Turgot et Adam Smith, le premier de tous ses droits. « Dieu en donnant à l'homme des besoins, en lui rendant nécessaire la ressource du travail, a fait du droit de travailler la propriété de tout homme. Et cette propriété est la première, la plus sacrée, la plus imprescriptible de toutes. »

Mais là où il n'y a de quoi manger que pour dix, aucune puissance humaine ne peut faire que cent trouvent à se nourrir ; et là où il n'y a du travail que pour un, c'est en vain que d'autres voudront en obtenir. Le droit de travailler n'est pas le droit au travail, et le droit de vivre n'est pas le droit à être nourri quand même.

C'est, malheureusement, ce que l'on a peine à comprendre. On s'imagine qu'il dépend de la puissance publique de fournir à volonté des aliments à ceux qui en manquent, et du travail à ceux qui en cherchent. Sans doute, en un sens, la puissance publique, qui est la force, peut, jusqu'à un certain point, prendre de l'argent à ceux qui en ont, des aliments à ceux qui en ont, du travail à ceux qui en ont, pour en donner à ceux qui n'en ont pas. Mais, du même coup, elle les enlève à ceux qui les avaient ; elle déplace le mal, elle ne le supprime pas. Le seul moyen de venir en aide à ceux qui sont dénués, sans dépouiller ceux qui sont pourvus, c'est de développer la richesse et d'exciter le travail. Et le seul moyen de développer la richesse et d'exciter le travail, c'est de laisser à chacun le libre exercice de son activité et la libre jouissance du fruit de son activité. Tout autre procédé ressemble à la naïveté d'un homme qui croirait doubler sa récolte en transportant d'un grenier dans un autre le produit de sa moisson. Il aurait du blé aujourd'hui, là où il n'en avait point hier ; mais il n'en aurait plus là où il en avait, et il en aurait, en perdant son temps, perdu une partie en route.

Dernièrement, en Hollande, les Sans-Travail qui, là comme ailleurs et plus qu'ailleurs, faisaient de bruyants appels à l'assistance publique, formulaient, dans un manifeste, ce qu'ils appelaient leurs revendications. Entre autres mesures, soi-disant pratiques, qu'ils invitaient l'administration à prendre, ils demandaient que la confection des vêtements des agents de police fût confiée à ceux d'entre eux qui étaient tailleurs. Très pratique, en effet, la mesure, et d'un soulagement certain et immédiat pour ces tailleurs inoccupés ; à supposer que réellement ce fût du travail qu'ils désiraient, et qu'ils fussent en état de le bien accomplir. Mais mesure fort peu pratique, et d'un effet déplorable pour les tailleurs occupés qui avaient, à ce moment, la pratique de l'administration. Les Sans-Travail de la veille auraient eu du travail le lendemain ; mais les occupés de la veille auraient été sans travail le lendemain. Auraient-ils été fondés à reprendre pour leur compte la requête de ceux qui les auraient dépossédés, et à réclamer, sauf à voir recommencer indéfiniment la même comédie, la restitution de l'emploi qui leur aurait été enlevé ? Déplacer n'est point produire, et il ne sert de rien de prendre à l'un pour donner à l'autre. C'est même, le plus souvent, aggraver le mal en le doublant d'une injustice. Pour améliorer réel'ement l'état social, pour fournir de quoi vivre à ceux qui manquent de ressources et de quoi travailler à ceux qui manquent de travail, je le répéterai indéfiniment, il n'y a qu'un moyen : c'est de développer la production en laissant à chacun la libre initiative de son activité et l'entière responsabilité de ses conséquences.

XLI

LES GENS QUI NE TRAVAILLENT PAS

Le travail est la loi de ce monde. Loi morale : car c'est par le travail que nous méritons de vivre et que nous affirmons notre dignité d'êtres libres. Loi matérielle : car, sans le travail, la vie nous serait bien vite impossible ; la nature, la bonne nature, ne nous fournit nos moyens d'existence qu'autant que nous savons les lui arracher par l'énergie ou par l'intelligence de nos efforts.

C'est donc avec raison que l'on glorifie le travail et que l'on condamne l'oisiveté. C'est avec raison que l'on souhaite de voir disparaître du milieu des sociétés dans lesquelles elles font tache, les existences, inutiles, onéreuses ou corruptrices qui consomment sans produire et déshonorent trop souvent la richesse.

Mais les moyens proposés pour en arriver là ne sont pas toujours bien judicieux. Et l'on ne se fait pas toujours non plus une idée bien exacte de ce que c'est que le travail, et de ce que c'est que l'oisiveté.

C'est bientôt dit de comparer la société à une ruche dans laquelle les abeilles font le miel, tandis que les frelons et les bourdons le mangent. C'est bientôt fait de demander l'extermination de ces bourdons et de ces frelons, et d'opposer au labeur visible de l'ouvrier qui pousse l'outil, le prétendu loisir du capitaliste ou du bourgeois, qui n'arrose de sa sueur ni la terre ni le métier.

Mais, peut-être, serait-ce le cas de se demander si tous ceux que l'on range dans la catégorie des frelons et des bourdons sont réellement étrangers à la tâche des abeilles, et si, en les faisant disparaître, on ne rendrait pas impossible ou stérile le travail de celles-ci ? L'Évangile n'a pas tort, lorsqu'il dit qu'il faut prendre garde, en arrachant l'ivraie, d'arracher aussi le bon grain. L'avertissement est à propos, même alors que l'ivraie ne peut être confondue avec le bon grain ; à plus forte raison lorsque l'on est exposé à prendre l'un pour l'autre. Et c'est ici le cas. Bien des travaux, bien des professions que, sur de fausses apparences, on traite d'inutiles, sont loin de l'être ; et bien des existences, trop légèrement qualifiées d'oisives, sont, en réalité, des plus laborieuses.

« Il y a des oisifs, sans nul doute, a dit Rossi ; mais il y en a moins qu'on ne le croit. »

Il faut bien l'avouer : de l'erreur, dans la mesure où elle règne, les économistes ne sont peut-être pas tout à fait innocents. Personne n'a combattu plus qu'eux, et avec plus de raison, ce sophisme qui prétend opposer sans cesse à la classe capitaliste qui ne produirait rien, la classe ouvrière qui produirait tout. Mais c'est dans leur école que le sophisme a pris naissance. Et c'est bien ici l'une des preuves du danger des expressions inexactes.

Adam Smith, l'un des pères de la science, a eu, en

même temps que Turgot, le grand mérite de remettre le travail en honneur, et de montrer qu'il est la source de toute richesse et de toute propriété. Mais, en le faisant, il ne semblait considérer comme richesse que ce qui se présente sous une forme matérielle, et comme travail que ce qui laisse après soi un résultat tangible et durable. Il va même jusqu'à parler — par opposition aux professions productives de richesses, en prenant la richesse dans ce sens étroit — de professions improductives ; celles que l'on appelle généralement libérales, sont, par lui, comprises dans cette classe. D'improductives on a bientôt fait « stériles », « parasites », et par conséquent « malfaisantes ».

Adam Smith, évidemment, ne l'entendait point ainsi. Improductives directement, à son avis, les professions auxquelles il donnait ce nom n'étaient point, dans sa pensée, indifférentes à la production à laquelle elles pouvaient contribuer indirectement. « Il y a, disait-il notamment, des gens, que l'on appelle des philosophes, qui ne font rien, mais qui regardent faire les autres, et qui, en les regardant faire, trouvent moyen de leur donner des indications et des conseils, grâce auxquels ils pourront mieux faire. » Il est impossible d'établir plus agréablement et d'une façon plus incontestable la participation de ces spéculatifs à la production. Aider quelqu'un à faire un travail nécessaire, en lui indiquant la manière de s'y prendre ou en mettant avec lui la main à l'œuvre, c'est toujours l'aider, c'est toujours contribuer pour une part plus ou moins grande à la réalisation de ce travail.

« Le valet que, par vanité, un grand seigneur entretient à ne rien faire, peut être un oisif consommant sans produire », dit encore Rossi.

Le serviteur utile qui, en déchargeant le savant, l'ingénieur, l'astronome, le directeur d'usine, des soins matériels qui auraient absorbé son temps, lui permet d'employer ce temps à des recherches utiles ou à une surveillance nécessaire, remplit une fonction qui a elle-même son utilité, puisque sans elle cette recherche et cette surveillance se trouveraient entravées.

A plus forte raison, ce savant lui-même, cet ingénieur, ce physicien, ce chimiste, cet électricien qui, dans son cabinet, trouve le moyen de fournir au travail de l'atelier des procédés, des instruments, des règles.

A plus forte raison, cet homme d'initiative, ce capitaliste, cet industriel, ce commerçant, qui, en appliquant ses capitaux à une œuvre utile, en créant une usine, en faisant circuler les matières premières et les produits, fournissent au travail leur aliment.

Un Jacquard invente le métier qui a immortalisé son nom ; un Stephenson dote le monde de la locomotive et des chemins de fer ; un Morse lui donne la télégraphie électrique ; d'autres étudient les lois des vents et des courants marins, analysent des substances jusqu'alors inutiles et leur trouvent des emplois. Ils mettent le travail dans la main des travailleurs, le produit du travail à la disposition du consommateur ; ne sont-ils pas, par excellence, des producteurs, puisque sans eux rien de ce qui s'est fait n'aurait pu se faire ?

De même cet administrateur qui maintient l'ordre, condition première de tout labeur utile ; ce magistrat qui assure la justice, consécration et garantie de ce labeur ; ce médecin ou ce chirurgien qui rendent ou conservent, avec la santé, la possibilité du travail; ce professeur qui cultive l'intelligence ; ce moraliste qui combat les mauvais sentiments et développe les bons. Tous ces hommes, appliqués à nous placer dans les conditions les plus favorables au travail ou à écarter les dangers qui menacent le travail, ne sont-ils pas, au premier chef, des travailleurs, des travailleurs utiles, des producteurs de richesses et de bien-être ?

Concluons.

Toutes ces distinctions entre le travail de la main et le travail de l'intelligence sont vaines et dangereuses. Pendant longtemps, pendant trop longtemps, la langue a paru les consacrer. La vanité ou l'orgueil ont prétendu donner à un certain nombre de professions appelées libérales le pas sur d'autres dont les œuvres étaient qualifiées de serviles. L'esprit, méconnaissant le besoin qu'il a de la main, déversait sur elle le dédain. La main, à son tour, s'est révoltée contre l'esprit. Et parce qu'il ne peut se passer d'elle, oubliant qu'elle, non plus, ne peut se passer de lui, elle lui a jeté l'anathème. Ni l'un ni l'autre n'est juste, et ni l'un ni l'autre n'est sage. Tout travail, sous quelque forme qu'il se produise, s'il est honnête et s'il est utile, est digne de respect. Le pied n'est point l'œil ; et l'œil n'est point le pied, disait déjà Saint-Paul. Et ni l'un ni l'autre n'est le corps. Mais le pied a besoin de l'œil, l'œil a besoin du pied ; et le corps est l'ensemble des membres agissant de concert et dans leur harmonie pour leur bien réciproque. C'est l'image de la société, que l'on n'appelle pas sans raison le corps social.

XLII

PAS DE CHANCE

Pas de chance ! C'est le cri que jettent tous les jours, d'un bout à l'autre du globe, tous ceux à qui il arrive quelque mésaventure ou quelque infortune.

Pas de chance ! voyez, dit l'un, je venais de m'embaucher pour un travail bien payé ; en m'y rendant je fais un faux pas ; je me casse la jambe : me voilà sur la paille pour trois mois.

Pas de chance ! dit un autre, mes affaires marchaient bien, je comptais sur un joli bénéfice au bout de l'année, j'allais développer mes relations : me voilà pris dans une faillite qui me met en perte et me fait reculer de trois ou quatre ans.

Pas de chance ! dit un troisième; j'avais un engagement superbe comme chanteur : j'attrape une fluxion de poitrine, et du diable si je sais quand je pourrai remonter sur les planches.

Et ainsi de suite, à l'infini.

Pas de chance ! pas de chance ! toujours pas de chance !

Mais, pardon, mes chers amis ! Ce qui vous arrive est assurément très fâcheux ; mais est-ce bien, comme vous le prétendez, à la mauvaise fortune, à elle seule, que vous devez vous en prendre ?

Vous, *numéro un*, vous avez fait une chute malencontreuse en allant à votre travail. C'est fort triste ; mais vous oubliez de dire que, dans votre satisfaction d'avoir trouvé de l'ouvrage à votre convenance, vous aviez bu quelques coups de trop, et que c'est sur le pas de la porte du marchand de vin que vous avez malheureusement glissé.

Vous, *numéro deux*, qu'une faillite va réduire aux expédients, qu'elle ruinera peut-être, vous négligez de dire que ce débiteur insolvable, avec lequel vous vous êtes engagé, vous avait été depuis longtemps signalé comme peu sûr, et que c'est au mépris de tous les avertissements et par l'appât des hauts prix auxquels il achetait ses renouvellements, que vous vous êtes imprudemment avancé. Vous avez risqué, vous flattant de gagner ; vous avez perdu, tant pis pour vous !

Vous, *numéro trois*, que la maladie arrête si mal à propos, vous seriez encore en parfaite santé si, par bravade ou par étourderie, vous n'aviez pas été, comme à plaisir, au-devant du refroidissement qui vous a été fatal.

Vous, enfin, dont la maison vient de brûler, dont le navire a sombré, vous pouviez, et l'on n'avait pas manqué de vous le conseiller, vous mettre en garde par une assurance contre les conséquences de ces sinistres. Vous pouviez, sinon annuler les mauvaises chances et conjurer le hasard, du moins en prévenir les mauvais effets et en amortir les coups. Vous ne l'avez point fait ; vous avez accepté d'avance ce qui vous arrive ; de quoi vous plaignez-vous ?

On pourrait passer ainsi en revue tous les accidents auxquels la vie humaine est sujette ; et l'on trouverait qu'il en est bien peu dont nous ayons véritablement le droit de nous plaindre.

Pas de chance ! La plupart du temps, si nous étions justes envers nous-mêmes, c'est pas de prévoyance, pas d'économie, pas de tempérance, pas d'ordre, pas de sagesse, que nous devrions dire.

XLIII

LES MACHINES SUPPRIMENT LE TRAVAIL

Vous prétendez que non, Messieurs les Économistes. Vous êtes même capables de soutenir que ce sont les machines qui fournissent du travail à l'humanité. Mais vous aurez beau dire et beau faire, l'évidence est là. Voici un appareil avec lequel un homme va faire, à lui tout seul, ce que, sans cet appareil, dix hommes arrivaient à peine à faire. Il est clair que neuf d'entre eux vont se trouver sans emploi et, par conséquent, sans salaire. La machine leur a enlevé leur travail.

Vous avez raison, Monsieur l'Ennemi des machines, ou plutôt, vous pouvez avoir raison, parfois, dans tel ou tel cas particulier. Mais vous avez tort, si, du particulier, vous concluez au général. Oh! je sais bien que rien ne semble plus logique que de conclure du particulier au général. Il s'en faut pourtant que ce soit toujours vrai. Il est certain que lorsqu'un homme voit doubler la quantité de monnaie en sa possession, sa fortune est doublée. Si pourtant tous les hommes, dans une nation, voyaient doubler la monnaie qu'ils possèdent; si, en d'autres termes, il y en avait dans la nation une quantité double demain de ce qu'elle était hier, la nation ne se trouverait pas deux fois plus riche. Le rapport entre les hommes, d'une part, ne serait point changé, et les objets que la monnaie est destinée à procurer, d'autre part, ne seraient pas plus abondants. Le blé, le vin, le fer, les vêtements, les maisons, les animaux, n'auraient point augmenté d'une seule unité, mais l'argent, par rapport à eux, étant devenu plus abondant, sa valeur relative aurait baissé, et il en faudrait donner, pour se les procurer, une quantité double : la richesse générale serait restée la même.

Quelque chose d'analogue se produit, non pas toujours, mais dans un certain nombre de cas, lorsqu'une machine nouvelle fait son apparition ; disons, en termes plus généraux : lorsqu'un procédé nouveau vient simplifier et perfectionner le travail. Dans un atelier donné, dans une profession déterminée, dans une région spéciale, le progrès peut amener une diminution passagère de travail. Il peut, suivant l'expression vulgaire, mettre à pied, en les rendant inutiles, quelques-uns de ceux dont les bras étaient précédemment occupés. Il ne peut pas diminuer, dans l'ensemble de l'atelier social, la demande générale de travail ; il est, au contraire, une cause d'augmentation de travail.

Souvent, bien souvent, c'est dans l'industrie même où la modification s'accomplit, qu'elle agit dans un sens favorable au travail. Avant la découverte de l'imprimerie, combien d'hommes étaient employés à conserver ou à reproduire, sur le papier ou le parchemin, l'empreinte de la pensée humaine ? Et combien, par suite, pouvaient se procurer la satisfaction de lire ce que ces quelques copistes avaient transcrit? Tout le monde, aujourd'hui, peut se donner cette satisfaction. Tout le monde, grâce au livre, au journal, à la gravure, à la photographie, peut connaître ce qui est, ce qui se dit, ce qui se pense et ce qui se passe sur tous les points de notre globe et jusque dans les profondeurs infinies de l'espace. Mais, pour que cela fût possible, il a fallu multiplier, dans des proportions presque incalculables, les diverses formes du grand appareil de reproduction de la pensée. Il y a aujourd'hui, non pas seulement beaucoup plus d'ouvriers imprimeurs, mais beaucoup plus d'ateliers d'imprimerie, beaucoup plus de papetiers, beaucoup plus de fondeurs en caractères et de constructeurs de machines qu'il n'y avait de copistes au XV° siècle.

Quelques milliers de fileurs et tisseurs (une quinzaine de mille peut-être) étaient employés dans l'industrie du coton, en Angleterre, avant l'invention des procédés mécaniques de filature et de tissage. Hargreaves, Arkwright et les autres ont introduit la mécanique dans cette industrie. Une broche fait aujourd'hui la besogne d'un grand nombre de mains, et un seul ouvrier, avec son rattacheur, dirige des centaines de broches. Et, tandis que les étoffes de coton, produites par quantités innombrables, vont à des prix chaque jour plus bas vêtir ceux qui autrefois en restaient privés, ce sont des centaines de mille fileurs et tisseurs qu'occupe cette industrie, leur donnant, sans les contenter encore, des salaires plusieurs fois plus élevés. L'on n'estime pas à moins de deux à trois millions, en comptant les armateurs, les mécaniciens, les ingénieurs et les architectes, la population, qui, dans la Grande-Bretagne, vit du coton.

Mêmes faits ou analogues pour l'industrie de la laine, dans laquelle le prix de revient a pu s'abaisser au dixième, au vingtième, selon les opérations, tandis que le salaire augmentait de trois, quatre et cinq cent pour cent et que l'appel des bras ne cessait de s'accroître.

Mêmes faits encore pour les chemins de fer, qui devaient supprimer tout emploi des chevaux, des voitures et de leurs conducteurs, et qui, en en modifiant l'emploi, il est vrai, en entretiennent aujourd'hui plusieurs fois davantage; qui, d'ailleurs, pour leurs propres services, construction ou exploitation, exigent un personnel autrement important que celui des anciennes diligences.

La raison de cet accroissement de la demande des bras, dans l'industrie perfectionnée, est facile à comprendre. Elle réside dans l'abaissement même du prix de revient, qui est la conséquence de ce perfectionnement. Les prix sont des hauteurs, a-t-on dit justement, et toutes les mains, c'est-à-dire toutes les bourses, ne peuvent pas atteindre toutes les hauteurs. A un certain chiffre, un nombre déterminé seulement de consommateurs sont à même de se permettre l'achat d'un produit. Les autres, quelque envie qu'ils en puissent avoir, sont comme le renard de la fable. Si ce chiffre s'abaisse, aussitôt les demandes affluent. C'est le raisin qui est descendu à la portée du renard, et le renard n'a garde de continuer à le trouver trop vert. Or, cette augmentation de la demande, dans bien des cas, exige, pour être satisfaite, même par des procédés plus expéditifs, un plus grand nombre de bras; de là l'augmentation sur place,

Assurément, répondrez-vous, et personne ne le conteste, mais il n'en est pas toujours ainsi. D'abord, il faut parfois du temps pour que l'accroissement de la demande se proportionne à la facilité de produire, et dans l'intervalle une partie du personnel se trouve inoccupée. Ensuite, il peut arriver que, même en atteignant ses limites extrêmes, jamais la demande ne puisse arriver à exiger l'emploi d'un personnel égal à l'ancien.

Cela est exact, et nul économiste sérieux ne prétendrait le contester. Que l'on arrive, a dit Bastiat, à fabriquer les chapeaux si facilement et à si bas prix qu'un seul ouvrier en puisse livrer deux ou trois cents fois plus qu'aujourd'hui. Il est probable que nous achèterons beaucoup plus de chapeaux, et que la production pour suivre la consommation se développera considérablement. Mais il est certain que nous ne nous paierons pas tous les matins une coiffure neuve, et que, par conséquent, cette production augmentée n'ira pas jusqu'à exiger un nombre plus considérable de bras ; qu'elle en laissera même de côté une proportion plus ou moins grande. Et, dès lors, le perfectionnement, vous avez raison, aura pour conséquence localement et momentanément une réduction du personnel employé. D'où, il faut avoir la loyauté de le reconnaître, parfois des diminutions de travail et des souffrances momentanées et partielles.

Momentanées et partielles ? Oui ! Générales et durables ? Non ; car, ainsi que le remarque encore Bastiat, si, par suite de l'abaissement du prix des chapeaux, on cesse, tout en étant aussi bien et mieux coiffé, de consacrer à sa coiffure la même somme, la différence épargnée restera disponible pour d'autres dépenses qui ne subventionneront plus, il est vrai, le même travail, et n'iront plus peut-être aux mêmes mains, mais qui subventionneront du travail. De telle sorte que, dans l'ensemble, la somme consacrée au salaire ne sera point diminuée, mais le total des satisfactions obtenues sera augmenté.

L'observation est judicieuse, et l'argumentation irréfutable. Elle n'est pas suffisante et, à mon tour, je me permets de corriger ou plutôt de compléter Bastiat. Non, il a raison de le dire, les suppressions de travail résultant du perfectionnement de l'outillage ne sont jamais des diminutions absolues de travail. Non, le fonds général des salaires, la demande générale de travail ne peuvent en être diminués. Il peut y avoir déplacement, et, par suite, je le répète, malaise passager sur un point ; il ne peut pas y avoir diminution.

Mais, il faut aller plus loin : il faut reconnaître que ces réductions, quels qu'en puissent être les inconvénients passagers, sont la condition même du progrès du travail et de la production. L'industrie n'est point stationnaire et ce n'est pas seulement en améliorant, dans les branches existantes, ses procédés et ses instruments qu'elle progresse. C'est en ajoutant à ses formes anciennes de nouvelles formes, à ses branches primitives de nouvelles ramifications, qui, parfois, deviennent plus importantes que la souche même sur laquelle elles ont pris naissance. La proportion des fileurs et des tisseurs s'est accrue ; or, d'où serait venue cette armée nouvelle de l'industrie du vêtement, s'il n'y avait eu, ailleurs, des corps de troupes rendus disponibles ? L'imprimerie, les chemins de fer, la mécanique, l'électricité, la photographie ont appelé à elles et appellent tous les jours de nouvelles recrues. Où les ont-elles prises ? Où les auraient-elles trouvées, si les industries qui retenaient ces recrues n'avaient pu s'en passer ? Diminution ici, augmentation là. Mise en liberté par les industries anciennes d'une partie de leur personnel pour permettre l'éclosion et l'extension des industries nouvelles. Telle est la marche nécessaire du progrès. Telle est la loi qui, peu à peu, en dégageant l'humanité de la servitude de ses premiers besoins, lui permet de s'élever vers des besoins nouveaux et de découvrir de nouveaux horizons.

Le philosophe Aristote, après avoir proclamé la nécessité de l'esclavage, après avoir dit que la nature formait, pour accomplir la rude besogne du ménage social, une classe d'hommes particulière, faite pour obéir, ajoutait, comme par une sorte de divination : « Si le marteau et la navette pouvaient marcher seuls, l'esclavage ne serait plus nécessaire. »

Plus tard, un poète grec, traduisant la même pensée sous une forme charmante, disait en s'adressant aux esclaves, jusqu'alors chargées de la rude besogne de moudre le grain : « Jeunes filles, dormez. Ne craignez plus le chant matinal du coq, qui vous appelait à votre grossière besogne. Les naïades, faisant tourner la roue qu'elles arrosent de leurs perles, s'en sont chargées à votre place. Dormez, jeunes filles, vous pouvez laisser couler le temps, comme l'eau dont le murmure caresse votre sommeil. »

C'est le soulagement, — le poète grec l'avait admirablement compris, — c'est la rédemption, — notre siècle en a, plus qu'aucun autre, donné la preuve, —

que les machines, à la seule condition de n'être pas, par la faute de l'homme, détournées de leur but et transformées en instruments de meurtre et de ruine, apportent à l'homme. Au travail direct des muscles, insuffisants et impuissants pour des tâches grandissantes, il substitue graduellement le travail des forces inépuisables de la nature. D'esclave que l'homme primitif était de ces forces, il l'en rend peu à peu le contre-maître et le directeur. Il met à sa disposition toute une armée, toute une ménagerie puissante et docile de grandes bêtes de fer et de bois, dont l'infatigable énergie ne demande, pour se plier à ses ordres, qu'un signe de sa main, qu'une pression de son doigt, organe de la transmission de sa pensée. C'est une ascension qui, d'étape en étape, l'élève plus haut, le grandit, le fortifie, et qui, étendant plus loin son domaine sur le monde, étend en même temps le règne de l'égalité, en faisant disparaître, devant les conquêtes réalisées sur la matière, devant les barrières abaissées pour tous, devant les secrets révélés à tous, les différences, au début infranchissables, de force, d'adresse ou d'intelligence. A travers les âges, le grand poète contemporain, dans sa *Légende des siècles*, répond au poète grec, en nous montrant cette élévation graduelle, cette marche en avant des aînés, contre laquelle se déchaîne en vain la jalousie stupide de ceux à qui ils ouvrent la voie. Et, dans un élan d'enthousiasme, il salue la machine émancipatrice qui apporte au monde la lumière et le bien-être :

> L'homme est d'abord monté sur la bête de somme,
> Puis sur le chariot que portent des essieux ;
> Puis sur la frêle barque au mât ambitieux ;
> Puis, quand il a fallu franchir le vent, la lame,
> Le noir ouragan, l'homme est monté sur la flamme.
> A présent, l'immortel aspire à l'éternel ;
> Il montait sur la mer ; il monte sur le ciel.

Et, en se substituant au travail des mains dans ce qu'il avait de plus rude et de plus répugnant, la machine, l'outil, la science, le procédé chimique ou physique, le vent, la vapeur, l'électricité, car c'est tout un, ne suppriment point le travail ; ils le transforment, et ils lui procurent des applications nouvelles, non seulement plus fécondes, mais plus nombreuses. Est-ce que chaque instrument ne suppose pas, pour être exécuté, l'emploi de bras qui n'eussent point été employés sans lui ? Est-ce que, pour agir et faire son œuvre, il n'exige pas l'intervention d'autres bras qui le guident ? Est-ce que ce n'est pas là où l'industrie est le plus avancée, le mieux pourvue d'engins mécaniques de toutes sortes, que l'activité laborieuse est la plus grande, et que la variété des industries est le plus développée ? Le sauvage, avec son arc et son filet, n'a guère qu'une occupation à sa portée : la poursuite de la proie par la chasse ou la pêche, et, quand la matière de cette industrie rudimentaire lui fait défaut, c'est le chômage absolu pour lui, c'est la faim. Au contraire, c'est par milliers que se comptent les occupations qui se disputent notre temps, et les ressources qu'elles mettent à notre disposition.

En dépit de tous ces progrès, la misère, la maladie, le chômage, ne sont point vaincus. Peut-être n'avons-nous pas, autant que nous le croyons, le droit de nous en plaindre. Ce n'est pas, en tout cas, en tournant le dos au but, en désavouant le labeur de nos pères, en désarmant nos mains, et en repoussant les secours de la science, pour rentrer dans l'animalité dont ils commencent à nous faire sortir, que nous viendrons à bout de nous débarrasser de ce qui nous reste du dénuement primitif et de la primitive impuissance.

XLIV

LES MACHINES PRODUISENT DE LA FORCE

Parlons encore un peu des machines, car tout n'est pas dit sur leur compte et il importe de bien comprendre leur rôle. Il est admirable. C'est une chose merveilleuse que la puissance de ces auxiliaires du travail, et bien faite, en vérité, pour exalter l'orgueil des hommes et pour leur inspirer des espérances et des ambitions indéfinies.

Il faudrait s'entendre, pourtant, et savoir quelle est réellement, dans ces travaux prodigieux que nous rendent possibles nos serviteurs de fer et de bois, la nature de leur action et la source de la force qu'ils mettent en œuvre.

Voici un bloc de pierre que dix hommes n'ébranleraient point, qu'à plus forte raison ils ne pourraient, si on était parvenu à le placer sur leurs épaules, supporter sans en être immédiatement écrasés. Avec quelques cordages, quelques poulies et une roue dont je tourne la manivelle, j'élève, à moi tout seul, ce bloc de pierre jusqu'au sommet d'un édifice.

Voici un marteau pilon de 20.000, 30.000, 50.000

kilog. que je ne pourrais pas davantage soulever. En mettant à propos le doigt sur une soupape, en ouvrant ou en fermant un robinet, en introduisant au-dessous de lui de la vapeur, je le fais à ma volonté monter et descendre, frapper fort ou doucement, broyer les corps les plus durs, forger et marteler les métaux ou caresser doucement la surface d'un verre de montre ou le bouchon d'une bouteille.

Comment ne pas se dire, en présence de tels résultats, en face de ces efforts si disproportionnés avec la petite force qui peut sortir d'un bras humain, que les machines produisent de la force ; qu'elles multiplient, qu'elles centuplent, non pas une fois, mais des milliers de fois l'impulsion, l'énergie qui leur est transmise par l'action qui les met en mouvement.

C'est une erreur, cependant, et une erreur qu'un peu de réflexion devrait prévenir. Les machines ne produisent point de force ; et comment en pourraient-elles produire ? Est-ce qu'il en peut sortir de ce bois, de ce fer, de ces cordages inertes par nature et incapables de se donner du mouvement à eux-mêmes, à plus forte raison d'en transmettre à autre chose ? Non. Les machines ne produisent pas la force qu'elles développent. Elles la reçoivent, elles la transmettent, elles la transforment ; de circulaire, comme la rotation d'une manivelle, elles la rendent rectiligne ; de perpendiculaire, au moyen de roues de renvoi, horizontale, ou réciproquement. Elles la divisent ou la concentrent, l'appliquent ici au lieu de l'appliquer là, la transportent avec plus ou moins de déperdition à distance, mais elles ne la créent point. Elles ne peuvent même, comme tout appareil de transmission, soumis à d'inévitables frottements, en utiliser, en fin de compte, qu'une proportion plus ou moins considérable.

Mon bras est faible, c'est vrai, et il ne pourrait déplacer que la dix-millième partie de ce bloc de pierre qu'il soulève. Il n'en déplace, en effet, et c'est là le secret de cette puissance qui nous étonne, que la dix-millième partie. Je ne pourrais porter cet arbre qui mesure trois ou quatre stères ; avec la scie, avec la hache, avec les coins et la masse, je le débite en un nombre plus ou moins considérable de morceaux, dont aucun n'est trop lourd pour moi, et n'ayant pu le porter en bloc, je le porte en détail. Il me faut, pour cela, dépenser, en réalité, beaucoup plus de force qu'il n'en aurait fallu, si j'avais pu faire masse de mes efforts successifs, pour le porter d'un coup. Mais j'ai dépensé cette force petit à petit, comme les cinq sous de la bourse du Juif-Errant, et, avec le temps, j'ai fait ce qui, sans le secours du temps, eût été impossible. De même, pour l'effort d'élever ce poids énorme. Par une habile disposition de l'appareil élévateur, j'ai divisé le mouvement en une infinité de déplacements imperceptibles dont aucun n'excède ce qui peut sortir de puissance de mon bras. J'ai, de plus, grâce à ce doigt de fer qui permet à la roue de tourner dans un sens et lui interdit de revenir dans l'autre, évité de joindre à la peine de faire avancer le poids, celle de le soutenir, et par suite diminué, dans une proportion énorme, la difficulté de la tâche. Mais c'est bien de mon bras, de lui seul, que vient le mouvement imprimé à la machine, et, par conséquent, l'action de celle-ci.

Que d'autres sources de mouvement soient utilisées, grâce au perfectionnement de la mécanique, et que, dans le nombre, il en soit qui ne pourraient pas être utilisées sans elle, cela est évident. Nous recueillons dans nos appareils le poids de l'eau qui tombe sur la roue, la force des vents qui enfle la voile ou fait tourner le moulin, le courant électrique qui se transforme en action dynamique, etc. Mais quelle qu'en soit la nature, ces forces, en traversant les appareils qui les utilisent, ne s'y multiplient point ; elle s'y emploient, c'est-à-dire, elles s'y annulent en faisant leur office et en se traduisant en effets utiles qui les représentent.

Et cela revient à dire tout simplement que l'on ne fait rien de rien ; mais que l'on peut faire, avec quelque chose, autre chose. Cela revient à dire qu'il n'y a point de mouvement perpétuel ni de transformation magique, et que rien, dans le monde physique pas plus que dans le monde moral, ne s'obtient sans peine et sans dépense.

Je dis : dans le monde moral pas plus que dans le monde physique ; et c'est pour en venir là, faut-il le confesser, que j'ai pris ce long détour. Il y a eu autrefois des gens que l'on appelait des alchimistes qui prétendaient trouver le moyen de faire de l'or. Quand, au bout de leur opération, on en trouvait dans le creuset, c'est qu'ils l'y avaient mis. Il y a eu ou il y a encore, mais de moins en moins nombreux, des hommes ingénieux parfois, mais insuffisamment éclairés, qui poursuivent le mouvement perpétuel. Le grand Georges Stephenson lui-même, avant de s'être instruit, a rêvé cette chimère. Quand il a connu les lois de la mécanique, il s'est borné, et il a bien fait, à tirer, des sources de mouvement dont il pouvait disposer, le meilleur emploi possible. Il y a, de même, des alchimistes sociaux, des inventeurs de mécanismes sociaux qui s'imaginent, très sincèrement parfois, qu'il existe des formules pour assurer aux hommes, une fois pour toutes, et sans qu'il leur en coûte rien à l'avenir, le bonheur et la richesse. Ils ont leur formule, ou ils croient qu'il y a des gens qui en ont une. Et, au lieu de demander aux hommes plus de sagesse, plus de travail, plus d'économie, plus de justice et plus de bienveillance mutuelle, ils demandent à la loi ou à un révélateur social qu'ils arment, à cet effet, de tous les pouvoirs, de refondre la société et de lui donner, par autorité ou par grâce, la béatitude terrestre.

C'est le mouvement perpétuel. C'est l'effet sans cause. C'est la récompense sans mérite et le fruit sans la semence. Dans la société, comme dans les machines, comme dans le creuset du chimiste ou de l'alchimiste, on ne trouvera jamais que ce qu'on y aura mis. Pour changer la société, il faut changer les hommes ; pour améliorer leur condition, il faut les améliorer eux-mêmes. En mécanique sociale, comme en mécanique physique, il n'y a point de miracles, il n'y a que des forces bien ou mal employées.

XLV

IL N'Y A PAS GRAND MAL : TOUT ÉTAIT ASSURÉ

Qui de nous, à l'annonce de quelque grave sinistre : naufrage, incendie, explosion de machine, n'a entendu faire cette réflexion optimiste : « Il n'y a pas grand mal, tout était assuré. »

Et, de fait, lorsque, ce qui n'arrive pas toujours, l'assurance couvre intégralement le risque ; lorsque, pour une perte de deux cent mille francs, par exemple, sous quelque forme qu'elle se produise, l'assuré reçoit, sans difficulté et sans délai, une somme de deux cent mille francs, il semble, et quelquefois il est vrai qu'il n'a subi aucun dommage.

Il semble ! mais, bien souvent à tort, car il y a des choses dont la valeur vénale est la moindre valeur. Ma maison brûle, et vous me donnez de quoi la faire reconstruire, aussi belle, aussi commode, plus même, qu'elle ne l'était. Je n'y rentrerai pas demain ; j'aurai à passer, ailleurs, sous un toit provisoire, six mois, un an, deux peut-être. Et, quand j'y rentrerai, ce ne sera plus la même ; celle dont les pierres, les murs, les meubles, parlaient à ma mémoire et à mon cœur. L'ancienne était vivante, la nouvelle sera morte.

Mon usine ou mon magasin ont été détruits ; vous

me rendez de quoi reprendre ma fabrication ou mon commerce. C'est très bien. Mais, en attendant, je ne fais point d'affaires, mes relations sont interrompues, ma clientèle prend d'autres habitudes. Tout cela, ce sont des préjudices qui, pour l'assuré lui-même, dans nombre de cas, ne peuvent être qu'imparfaitement couverts par l'assurance.

Je suppose qu'il en soit autrement toutefois; et que, grâce à une prévision exacte et à un calcul complet des risques, le sinistré se trouve réellement, lui, exempt de tous dommages. C'est très bien pour lui; ce n'est pas aussi bien pour l'ensemble de la société. Une maison détruite, des marchandises brûlées, un navire englouti par les flots: c'est autant de perdu, d'irréparablement perdu, quoi qu'on fasse et quoi qu'on dise. L'actif social, qui se compose de l'ensemble de tous les biens existants, s'en trouve nécessairement réduit d'autant. D'une façon absolue, il y a perte sèche dans le cas de l'assurance, tout aussi bien que lorsqu'il n'y a point assurance.

Mais alors, direz-vous, si l'assurance ne supprime pas la perte; si même elle ne la diminue pas; si une récolte saccagée par la grêle est aussi bien détruite quand le cultivateur en reçoit le montant que lorsqu'il est ruiné par l'orage; si l'argent englouti dans un naufrage est aussi irrévocablement perdu lorsqu'une compagnie d'assurances en restitue l'équivalent, que lorsque son possesseur reste sans le sou, à quoi sert l'assurance et pourquoi la tant recommander?

A quoi sert l'assurance? Mais tout simplement à éviter à l'assuré, au prix de sacrifices légers, répartis sur un grand espace de temps et sur un grand nombre do cas, d'être accablé sous un coup écrasant. A atténuer en le divisant, puisqu'il est impossible de le supprimer, le mal qui résulte des accidents de diverses natures. A rendre supportable, en le partageant entre des centaines ou des milliers d'épaules, le fardeau qu'aucune épaule humaine ne pourrait à elle seule supporter.

L'assurance? mais c'est tout simplement une des formes de la solidarité, de l'association, de l'assistance mutuelle. Nous la voyons dans nos sociétés actuelles s'exercer d'une façon régulière et permanente, sous la forme de compagnies tantôt mutuelles, tantôt à primes fixes; qui, moyennant un prélèvement proportionnel, garantissent les associés des conséquences des sinistres qui les peuvent atteindre. C'est la forme savante, perfectionnée, qui nous cache, mais qui ne supprime pas la forme primitive, la contribution volontaire au soulagement des maux du voisin.

Un paysan voit sa chaumière brûler; un autre tombe malade au moment de faire sa moisson. Quel malheur! disent les voisins; c'est la pitié qui parle. Que deviendrais-je s'il m'en arrivait autant? ajoutent-t-ils; c'est l'intérêt qui se fait entendre à son tour. Et alors, par intérêt et par sympathie, ils font la moisson de l'un, ils rebâtissent la maison de l'autre, à charge de revanche.

Plus tard, pour ne rien laisser au hasard, ils s'engagent un certain nombre, les uns vis-à-vis des autres, à se rendre mutuellement, le cas échéant, ces services, ou, ce qui revient au même, à se fournir, par cotisations proportionnelles, l'équivalent. Puis le procédé se perfectionne, le mécanisme se diversifie;

on prévoit non seulement l'incendie et le naufrage, mais la perte des animaux, mais la grêle, mais les accidents, mais la maladie, mais la mort elle-même. On ne supprime, encore une fois, par là ni la grêle, ni la maladie, ni la mort. Mais, par des prélèvements opérés par et sur tous les assurés pendant les années prospères, les années de santé et les périodes d'activité, on forme un fonds suffisant pour compenser ce qui, dans ces éventualités douloureuses, est susceptible de compensation. On divise, si l'on peut ainsi parler, le sinistre en fractions infinitésimales; et, grâce à ce fonctionnement, on le rend tolérable, comme on rend inoffensif ou à peu près, en le faisant avaler à petites doses, un poison, qui, à haute dose, causerait la mort.

Le hasard est le grand ennemi de l'homme. Il y a toujours, suivant l'expression vulgaire, une tuile qui peut vous tomber sur la tête. Et il semble que, dans bien des cas, il ne dépende pas de nous de l'empêcher de tomber. Si nous la laissons tomber en une fois, en bloc, elle nous fendra le crâne. Si, au contraire, par un artifice de prévoyance, en allant au-devant de sa chute et en y faisant aller avec nous tous ceux qui, comme nous, peuvent avoir à la redouter, nous la réduisons pour ainsi dire en poussière ; si nous en répartissons la chute dans le temps et dans l'espace sur une multitude de têtes, ce n'est plus qu'un accident sans gravité dont nous avons fait, par avance, la part et qui nous laisse debout. Un coup de brosse, et il n'y paraîtra plus. Voilà, dans toute sa simplicité, le mécanisme de l'assurance.

Le bienfait en est considérable. A une situation incertaine, qui peut être l'absence de toute perte, mais qui peut être l'écrasement et la ruine, il substitue une situation certaine, qui sera, quoi qu'il arrive, un sacrifice, par conséquent une perte; mais qui, quoi qu'il arrive aussi, limite ce sacrifice et cette perte à un chiffre prévu, et permet, si l'on peut ainsi parler, d'escompter par avance l'inconnu et de calculer le hasard.

Avantage immense et qui ne saurait être trop payé, puisque c'est la sécurité. Mais avantage qui se paye et qui, par conséquent, coûte. Quand ma maison est détruite, quand mon navire fait naufrage, ce n'est pas moi qui les paye aujourd'hui, ce sont tous mes co-assurés. Mais, comme de mon côté je paye lorsque c'est leur tour, en réalité chacun paye pour lui-même ou peut avoir été appelé à payer pour lui-même, lorsqu'un nombre d'années suffisantes se sera écoulé. Admirons donc, et glorifions sans crainte de dépasser la mesure cette forme merveilleuse de la prévoyance et de la solidarité qui s'appelle l'assurance. Mais, en lui demandant ce qu'elle peut donner, ne lui attribuons pas des vertus qu'elle ne saurait avoir, et ne nous laissons jamais aller à l'illusion de croire qu'un mal peut n'être pas un mal et qu'une destruction peut n'être pas une perte.

En deux mots, quand un sinistre arrive, il est bon d'être assuré. Mais, assuré ou non, il vaut toujours mieux que le sinistre n'arrive point; et, moins il y aura de chances qu'il arrive, et moins il y aura à payer pour y parer quand il arrivera. La prime, pour être sérieuse, se proportionne forcément aux risques. On peut la diminuer en diminuant le risque; on ne la supprimera jamais. L'assurance, c'est la part du feu, c'est la part de l'imprévu.

XLVI

LA RICHESSE, C'EST LE TRAVAIL

La Fontaine l'a dit :

> Travaillez, prenez de la peine,
> C'est le fonds qui manque le moins.

Je tiens La Fontaine pour un des hommes qui ont eu, au plus haut degré, le sens économique ; et je suis tout prêt à répéter avec lui que le travail est un trésor.

C'est un trésor par lui-même au point de vue moral ; car s'il exige un effort qui coûte à notre nature, il nous paye, lorsqu'il n'est point excessif, par le sentiment du devoir accompli et la satisfaction du résultat obtenu. — C'est bien à lui que l'on peut appliquer cette honnête phrase des anciennes grammaires grecques en l'honneur de la science : « la racine en est amère, mais les fruits en sont doux. »

Le plus affreux des supplices est celui de l'oisiveté. L'homme ou la femme qui ne fait rien devient bien vite insupportable aux autres et à soi-même. On parle de travaux forcés ! si durs qu'ils puissent être, ils ne le seront jamais autant que l'oisiveté forcée.

Voyez, disait Laboulaye, après avoir montré l'abeille, heureuse parce qu'elle travaille ; voyez ces beaux messieurs et ces belles dames qui passent dans leur carrosse ! Comme ils ont l'air de s'ennuyer ! Comme la vie leur paraît lourde ! Comme ils sont et se sentent insupportables à eux-mêmes et aux autres ! Ils ne travaillent pas... Le bonheur, en tant qu'il nous est permis, c'est le travail.

Et le travail n'est pas seulement le meilleur remède contre l'ennui, la plus puissante diversion au chagrin ; c'est aussi le calmant par excellence. « Le remède de l'agitation, a écrit Bersot, c'est l'action. »

Au point de vue matériel, le travail est un trésor également ; car c'est à lui que nous devons tous les biens d'ici-bas. Depuis le premier animal surpris dans son sommeil ou saisi à la course, jusqu'aux plus beaux produits de nos étables et de nos basses-cours ; depuis le fruit ou la racine sauvage péniblement arrachés au sol ou à l'arbre, jusqu'aux plus magnifiques récoltes de nos champs ou de nos vergers ; depuis la pierre grossière ou l'épine qui ont servi de marteau ou d'aiguille à nos ancêtres, jusqu'aux instruments les plus perfectionnés de la mécanique moderne, il n'est rien, absolument rien, qui n'ait exigé un effort et qui ne soit le prix et la récompense de cet effort. Rien sans peine, c'est la loi éternelle, formulée, dès l'origine, dans l'arrêt prononcé à notre premier père : « Tu mangeras ton pain à la sueur de ton front. »

Oui, nous mangeons et nous mangerons toujours notre pain à la sueur de notre front.

Oui, ce n'est pas seulement le pain, c'est le vêtement, c'est l'abri, c'est l'outil, c'est la science et toutes les forces qu'en se développant elle met à notre disposition, qu'il nous faut, jour après jour, conquérir et conserver par le travail. La richesse naît de lui ; et, par conséquent, plus on travaille, toutes choses égales d'ailleurs, et plus on est riche. En ce sens, on n'a pas tort de dire que la première richesse d'une nation, c'est son travail.

Il faut s'entendre pourtant ; et c'est pour cela que j'ai dit : toutes choses égales d'ailleurs. Car le travail ne vaut pas seulement par sa quantité, il vaut aussi, il vaut surtout par sa qualité. Il nous est commandé de manger notre pain à la sueur de notre front ; il ne nous est pas interdit, il nous est même évidemment enjoint de diminuer, si nous le pouvons, la quantité de sueur en augmentant la quantité de pain. Obtenir plus en donnant moins ; diminuer l'effort pour augmenter la satisfaction ; accroître le rendement de la vie humaine en accroissant le rendement de la terre, des animaux, des outils et du reste, c'est évidemment accroître la richesse. Ce que l'on appelle le progrès n'est pas autre chose. La richesse des hommes, c'est l'abondance des choses utiles aux hommes ; et cette abondance est en raison, non de la dépense brute de forces humaines, mais du produit net de cette dépense.

Et c'est pour cela, que, par un instinct naturel auquel aucun homme, lorsqu'il est libre, ne se soustrait, nous sommes incessamment occupés à rechercher ce que nous appelons le bon marché, c'est-à-dire à nous procurer contre le moindre nombre possible de pièces de monnaie, contre la moindre quantité possible d'objets, contre la moindre somme possible d'efforts représentant des fractions de notre existence, les services ou les produits dont nous avons besoin. Si Pierre peut nous livrer son vin ou son blé à meilleur marché que Paul, c'est à Pierre que nous achetons. S'il nous coûte moins cher de faire faire nos habits par un tailleur, notre coiffure par un chapelier, notre chaussure par un cordonnier, et nos meubles par un ébéniste, que de les faire nous-mêmes, nous n'hésitons pas à nous adresser à ces travailleurs spéciaux ; et nous estimons avoir fait une bonne affaire en renonçant à nous fournir nous-mêmes de tout ce dont nous avons besoin.

La société tout entière est fondée sur ce principe. Elle ne subsiste et n'est supérieure à l'isolement que par la fécondité plus grande que donnent à l'activité de chacun la division du travail et l'échange.

C'est un autre poète, Florian, qui, dans une de ses plus jolies fables, *l'Aveugle et le Paralytique*, nous en a donné la formule :

> . . . . à nous deux,
> Nous possédons le bien à chacun nécessaire :
> J'ai des jambes, et vous des yeux.
> Moi, je vais vous porter ; vous, vous serez mon guide.
> Ainsi, sans que jamais notre amitié décide
> Qui, de nous deux, remplit le plus utile emploi,
> Je marcherai pour vous, vous y verrez pour moi.

Mais, ce qui est vrai d'homme à homme, de voisin à voisin, de village à village et de province à province, comment ne serait-il pas vrai de nation à nation et de continent à continent ?

Si les habitants du département du Nord trouvent leur compte à acheter leur vin en Bourgogne, en Médoc, en Beaujolais, en Languedoc, ou même en Algérie ; et si, de leur côté, les habitants de ces régions trouvent leur compte à faire venir leurs étoffes ou leur houille du Nord ou d'ailleurs, plutôt que de les fabriquer eux-mêmes, pourquoi eux et les autres ne trouveraient-ils pas aussi leur compte à faire venir d'Angleterre, de Suède, de Russie, de Grèce, d'Italie ou d'Amérique les produits que ces pays leur peuvent fournir à plus bas prix, et à leur vendre, en retour, ceux pour lesquels ils ont une supériorité ? Donnant, donnant, ou plutôt gagnant, gagnant ; car, dans tout commerce prospère et honnête, le bénéfice doit être réciproque. Si, comme je le dis ailleurs, je vous donne ce qui me coûte, à moi, deux journées de travail, mais vous en coûterait trois, à vous, vous économisez une journée. Et si, de votre côté, vous me donnez comme équivalent ce qui me coûterait à moi trois journées et ne vous en coûte à vous que deux, moi aussi, j'économise une journée.

On a dit, autrefois, que ce que l'un gagne, l'autre le perd. J'ai montré que cela peut être vrai, dans certains cas exceptionnels ; cela n'est point vrai comme règle générale.

La règle générale de l'échange, lorsqu'il est intelligent et volontaire, la loi de l'échange libre, c'est que le profit de l'un est celui de l'autre. — Et c'est pour cela qu'il s'accomplit, tant qu'il est libre, encore une fois. Car, si je donne volontairement ceci pour avoir cela ; et si, volontairement, vous faites l'inverse, c'est, évidemment, que l'un comme l'autre nous croyons y trouver notre profit. — La preuve qu'il en est ainsi, preuve sans réplique, c'est que dans tous les pays du monde, pour empêcher les hommes d'aller chercher au loin ou d'en faire venir ce qui, au près, leur coûterait plus cher, il a fallu le leur interdire par des prohibitions ou le leur rendre difficile et onéreux par des droits de douane qui ont pour effet de faire disparaître cet avantage du bon marché. Encore n'y réussit-on jamais qu'imparfaitement. — Et tel est le penchant naturel qui nous pousse tous à aller chercher l'abondance et le bas prix là où ils se trouvent, que la douane suscite infailliblement la contrebande. Ceux-là mêmes qui réclament des droits sur les produits dont ils craignent la concurrence comme vendeurs, sont les plus ardents à protester contre les droits qui grèvent les produits dont ils sont acheteurs — Dilemme bien embarrassant, cependant ; car chacun, à son tour, est acheteur et vendeur. Et quand on essaye de tirer la couverture à soi d'un côté, on excite les autres à la tirer du leur ; à ce jeu-là on risque de la déchirer. Je sais bien que l'on parle de l'intérêt public et de la nécessité de défendre et de protéger le travail national. Mais, l'intérêt public, c'est l'ensemble des intérêts particuliers ; et le travail national, c'est la somme des travaux individuels des membres de la nation.

Ce qui trompe — (car c'est de très bonne foi, il serait injuste de le méconnaître, que beaucoup de personnes croient à l'utilité de cette prétendue protection) — c'est que l'on confond le travail lui-même avec son résultat. C'est que, partant de ce fait que le travail produit la richesse, on le considère, quel qu'il puisse être, comme étant de la richesse, sans se préoccuper de ce qu'il rend ou de ce qu'il ne rend point. C'est que, ne voyant pas que le travail est le prix auquel nous achetons nos satisfactions, on en vient à maintenir, de propos délibéré, nos satisfactions à haut prix, c'est-à-dire à nous appauvrir d'autant, sous prétexte de nous conserver notre richesse. Et non seulement on nous réduit ainsi à n'obtenir, en échange de ce travail auquel on nous condamne, qu'une moindre somme de satisfaction, mais on contrarie le développement de ce travail lui-même. L'on nous empêche, en dirigeant artificiellement notre activité dans des voies qui ne devraient point être les siennes, de la diriger dans les voies où nous serions supérieurs et où nous trouverions à la fois, et un meilleur emploi de nos facultés ou des ressources de notre sol et de notre climat, et un débouché plus avantageux et plus large pour notre production. Au lieu de développer le travail, on le restreint, on le contrarie. Et par conséquent, même à le prendre en lui-même pour la richesse, on va contre son but. — Mais ceci mérite qu'on s'y arrête. Et il ne sera pas inutile de compléter ces observations dans un chapitre plus spécialement consacré au travail national.

XLVII

IL FAUT PROTÉGER LE TRAVAIL NATIONAL

Assurément, il faut protéger le travail national. Je ne serais point économiste, si je m'avisais d'y contredire. Je dirais bien plutôt que c'est le premier devoir et le plus pressant intérêt de tout gouvernement digne de ce nom. Le travail national! Mais c'est la source vive de la richesse et de la puissance nationales. Tout ce qui y porte atteinte, porte atteinte à la vie même de la nation; tout ce qui le développe, la fortifie.

Mais qu'est-ce que ce travail national, qu'il est si important de ne point contrarier? Et en quoi peut consister la protection dont il a besoin?

Il semble, en vérité, que la question n'en soit pas une. Qu'est-ce qu'une nation? C'est un ensemble d'individus réunis en société. Qu'est-ce que le travail de cette nation ou son travail national? C'est l'ensemble des travaux individuels auxquels se livrent, chacun pour leur compte, ces individus.

Que faut-il, d'autre part, pour que la somme de ces travaux nationaux soit profitable à la masse de la nation? Que chacun, selon ses aptitudes, selon ses goûts, selon les ressources du sol et les influences du climat, se livre sans entraves aux occupations qui peuvent lui procurer le plus de satisfaction et de profit. Tout diffère, les choses comme les hommes. Ici, la terre est propre à la culture du blé ; là, elle convient à celle de la vigne ; ailleurs, l'élève du bétail s'impose. Dans telle région, le mineur trouve la houille ; dans telle autre, parfois dans la même, le fer, le cuivre, le plomb s'offrent en abondance. Les cours d'eau fournissent, dans les hauteurs, la force motrice à bon marché ; dans les plaines, ils deviennent, selon l'expression de Pascal, « des chemins qui marchent, » et facilitent les transports. Autant d'indications que fournit elle-même la nature et auxquelles les hommes, si rien ne vient contrarier leur choix, ne manqueront pas d'obéir. Guidés par l'intérêt, attirés par la facilité de la tâche ou repoussés par sa difficulté, ils éviteront d'eux-mêmes les travaux qui ne leur promettraient pas une rémunération suffisante et se porteront vers ceux qui récompenseront plus largement leurs efforts.

Tantôt, d'ailleurs, dans cette poursuite du bien-être ou du profit, ils ne se préoccuperont que de leurs propres satisfactions, en travaillant directement pour eux-mêmes. Tantôt, puisqu'il faut demander à d'autres la plupart des objets ou des services qui nous sont nécessaires, ils s'adonneront aux travaux qui les mettront à même d'offrir, en échange de ce dont ils auront besoin, ce dont ils croiront pouvoir se défaire le plus avantageusement. Les proches voisins d'abord, puis les compatriotes plus éloignés, habitants du Nord ou du Midi, gens de la plaine ou de la montagne, puis les hommes d'au delà des frontières ou des mers, peu à peu reliés par les voies de communication et par les navires, deviendront, les uns pour les autres, acheteurs et vendeurs, producteurs et consommateurs. Et, chacun tirant ainsi meilleur parti de ses ressources et profitant de celles des autres, comme ceux-ci profiteront des siennes, le travail de chacun deviendra tout à la fois et plus actif et plus productif.

Le travail national se développera d'autant plus qu'il sera plus libre, et plus libre aussi l'emploi qui pourra être fait de son produit.

C'est dire que le gouvernement, pour favoriser le développement du travail national, pour lui donner la protection dont il a besoin, n'aura, en réalité, autre chose à faire que de le préserver de l'insécurité qui pourrait en troubler l'exercice, des fausses directions qui pourraient le détourner de son but, ou de la violence qui pourrait le priver de sa légitime récompense. Il assurera à chacun, par une exacte police, la plénitude de sa liberté individuelle; il veillera à ce que personne, dans le choix ou dans l'exercice de sa profession, ne soit entravé ou contraint par qui que ce soit. Il fera, dans l'intérêt de tous et aux frais de tous, disparaître les obstacles qui s'opposent à la circulation des hommes et des choses, multipliera les moyens de communication, améliorera les routes, régularisera les cours d'eau et fera régner partout l'ordre et la justice.

Et, peu à peu, débordant de toutes parts sur le monde, envoyant au loin les fruits de son activité et recevant, en retour, les fruits de l'activité du monde entier, le travail national procurera à chaque nation, aux moindres frais possible, la plus grande somme possible de satisfactions et de jouissances. En garantissant la liberté des professions, la liberté de l'industrie, la liberté de l'achat et de la vente, la liberté des échanges, sans acception de personnes, sans faveurs comme sans défaveurs, en réalisant pour tous, en un mot, l'égalité devant la loi, le gouvernement aura rempli tout son devoir ; il aura donné, au travail national la seule protection qu'il soit à même de lui donner, la seule qui ne soit point une duperie et un mensonge.

Ce n'est pas ainsi, malheureusement, que l'entendent ceux qui se disent, par excellence, les défenseurs du travail national, et qui professent ce qu'ils appellent la doctrine de la protection.

Le travail national, pour les partisans du régime protecteur, ce n'est pas le travail auquel, spontanément et sous l'impulsion de leur intérêt personnel, tendent à se livrer les nationaux. Ce n'est pas le travail conforme au génie de la nation, commandé par sa situation géographique ou climatérique, ayant en lui-même ses éléments de vie et de développement, rendant plus qu'il ne coûte et permettant à ceux qui l'exercent de se procurer, sans être tributaires de personne, sans rien demander à l'arbitraire ni au privilège, la plus grande somme possible de satisfactions. Ce n'est pas le travail vers lequel se portent naturellement les capitaux et l'intelligence, qui utilise le mieux le sol, les machines, les relations commerciales, et fait à la nation, sur le marché général et dans l'ensemble de l'atelier humain, la place la plus honorable et la plus large.

Non ! Le travail national, pour ces ennemis de ce qui est naturel et simple, pour ces doctrinaires de l'effort et de la privation, c'est le travail auquel, sans l'intervention de la loi, les nationaux ne songeraient point à se livrer ou ne pourraient continuer à se livrer. C'est le travail qui, si des mesures spéciales ne lui assuraient une existence artificielle, n'aurait point pris naissance ou n'aurait pu se maintenir. C'est le travail qui, au lieu de fournir le marché national, abondamment et à bon compte, le fournit imparfaitement et chèrement; celui qui coûte, au lieu de rapporter ; celui qui donne plus de mal et entraîne plus de frais ; celui dont la nation, laissée à elle-même, se détournerait. C'est le travail anti-national pour l'appeler par son nom.

Anti-national, puisque pour l'entretenir, pour permettre à ceux qui s'y livrent de continuer à s'y livrer, pour permettre à ceux qu'il ruinerait d'y faire fortune, ou à ceux que la rivalité des industries similaires contraindrait à perfectionner leurs procédés, de conserver leurs vieilles méthodes et leurs vieilles machines, il a fallu interdire aux nationaux de préférer à ces fournisseurs onéreux les fournisseurs du dehors ; opposer aux échanges des barrières qui s'élèvent à mesure que deviennent plus pressants les besoins qui les appellent, et prélever, en fin de compte, sur le reste des producteurs et consommateurs, c'est-à-dire sur le vrai travail national, une dîme qui n'est pas autre chose qu'un impôt, au profit d'une catégorie de privilégiés.

Mesures anti-patriotiques, il faut bien le dire, puisque, pour l'avantage problématique, et, en tout cas, injustifié de quelques-uns, elles aboutissent à diminuer à la fois l'activité et la richesse nationale, contrarient l'expansion naturelle du commerce national, troublent les relations avec les autres nations, et, en provoquant des conflits économiques, suscitent des difficultés politiques et provoquent des représailles et des animosités.

Mesures anti-sociales même, puisque, en faisant intervenir la loi dans la détermination des prix et des profits, en consacrant, dans l'intérêt de quelques-uns, le droit à la richesse; en garantissant au propriétaire le taux de sa rente, à l'industriel, ses bénéfices, en affichant, tout au moins, la prétention de les leur garantir, elles font de la puissance publique, la dispensatrice du bien et du mal, l'arbitre de la fortune des citoyens, et autorisent, du même coup, toutes les prétentions, toutes les illusions et toutes les cupidités. Comment, quand le législateur promet aux uns de maintenir à leur blé un prix rémunérateur, aux autres de leur assurer la vente de leur vin ou de leur sucre, à d'autres de tirer de leurs navires un rendement suffisant, comment en vérité s'étonner que ceux qui n'ont d'autres ressources que l'emploi de leurs heures et le travail de leurs mains, demandent au gouvernement de les garantir contre le chômage et de leur assurer, quoi qu'il arrive, du travail à leur convenance et des salaires à leur gré? S'il doit protéger le travail national des uns, comment pourrait-il refuser de protéger le travail non moins national des autres? Et dès lors, comment la loi, au lieu d'être le bouclier commun qui couvre toutes les libertés, ne deviendrait-elle pas l'arme faussée et meurtrière avec laquelle on attaque toutes les libertés?

Travail national! Et pourquoi, en vérité, celui-ci serait-il plus national que celui-là? Travail national! Travail régional alors, et travail communal! et travail individuel, c'est-à-dire, sous prétexte de protection, lutte de ceux-ci contre ceux-là, du Midi contre le Nord, de l'Est contre l'Ouest, des ports contre les villes de l'intérieur, et de telle culture ou de telle fabrication contre telle autre. Guerre civile des régions et des produits : on l'a dit avec raison, je l'ai dit moi-même et je le répète.

Voyez plutôt : des Français, producteurs de vin, trouvent bon pour n'avoir point à compter avec les vins de l'Italie ou de l'Espagne, de faire repousser, par des droits de douane, ces vins à la frontière. Les consommateurs, qui n'ont rien à y voir, à ce qu'il paraît, payeront plus cher, à moins qu'ils ne se privent. C'est leur affaire. D'autres Français, industriels, montent en France des distilleries de maïs. Ils emploient, en partie du moins, du maïs étranger ; mais ce maïs, ils l'ont rendu français en le payant avec de l'argent français ; ils fournissent du travail à des ouvriers français ; des pulpes pour l'engraissement du bétail français ; et c'est à des Français qu'ils vendent leur alcool, fabriqué en France. Leur industrie est aussi nationale qu'une autre, ce semble ? Oui, mais il y a ailleurs d'autres Français qui fabriquent de l'alcool de betterave ou de pomme de terre. La concurrence leur déplaît ; le marché national, à ce qu'il paraît, leur appartient ; on met, pour le leur conserver, sous prétexte de protéger le travail national, des droits sur le maïs, et les distilleries de maïs sont fermées : la protection du travail national a tué un travail national. Ce n'est qu'un exemple. J'en pourrais citer cinquante. Mais il est significatif et il met dans tout son jour le vice du système. L'État n'a point d'argent à lui. Ce qu'il donne aux uns, il faut qu'il le prenne aux autres. Qui dit subvention accordée à ceux-ci, dit privation infligée à ceux-là. Toute faveur faite à un industriel suppose une charge imposée à d'autres. Toute excitation artificielle donnée à une branche de travail, se paye par une atteinte à une autre branche de travail. Protéger le travail national, autrement que par la liberté et la sécurité impartialement assurées à tous, c'est frapper le travail national.

XLVIII

LA LUMIÈRE NATIONALE ET LE SOLEIL

Encore un mot, encore un fait avant de quitter le travail national.

Tous ceux qui ont lu les écrits de Bastiat, connaissent *la pétition des marchands de chandelles*. C'est au gouvernement du roi Louis-Philippe qu'elle était adressée par ces honorables industriels et par leurs confrères, les fabricants d'huile, bougies, lampes, mouchettes, éteignoirs et autres accessoires de l'éclairage.

Travailleurs nationaux et grands partisans, en cette qualité, du travail national, du leur en particulier, ces diverses catégories de citoyens représentaient au roi qu'ils se trouvaient exposés, pour la production de la lumière fournie par eux à leurs compatriotes, à la concurrence d'un rival étranger, tellement supérieur que toute lutte était impossible avec lui. A peine, disaient-ils, ce producteur de lumière incomparable, mis à même par la nature d'en inonder gratuitement la France, apparaissait-il à l'horizon, que l'on cessait de s'adresser à leurs boutiques. Ce rival, étranger non seulement au pays, mais à notre globe, et dont le travail, si travail il y avait, n'avait rien de national, pas même d'humain, c'était le soleil. En conséquence et pour assurer à leur travail national la protection à laquelle tout travail national a droit, lesdits marchands de chandelles, bougies, huile, lampes, candélabres, abat-jour, mouchettes et éteignoirs, suppliaient le gouvernement du roi d'ordonner qu'à l'avenir, du lever du soleil à son coucher, toute porte, fenêtre, lucarne, soupirail ou jour de souffrance quelconque, par lequel pourrait pénétrer quelque rayon de lumière naturelle, serait hermétiquement clos et fermé de bons volets, derrière lesquels l'obscurité serait complète. Naturellement, pour échapper à cette obscurité, les Français seraient obligés de recourir aux services des susdits marchands de chandelles et autres. Ceux-ci, vendant beaucoup et gagnant beaucoup d'argent, répandraient autour d'eux l'aisance et l'activité; et le travail national, en leur personne et en la personne de leurs ouvriers et fournisseurs, serait encouragé, excité et surexcité, dans des proportions qui feraient bénir le gouvernement par tous ceux qui en profiteraient.

On a cru, généralement, que cette amusante pétition n'était qu'un jeu d'esprit du plus aimable des économistes, et, après s'en être plus ou moins amusé ou indigné, selon qu'on était ou que l'on n'était pas protectionniste, on n'y a pas attaché plus d'importance. C'est une erreur. Bastiat n'a eu d'autre mérite, ou d'autre tort, que de mettre en scène avec plus d'agrément un fait parfaitement réel, et la pétition des marchands de chandelles a eu, il y a bientôt trois quarts de siècle, sous un nom bien peu différent, les honneurs d'une discussion en règle dans le Parlement d'alors.

C'était en 1825. M. Victor Modeste a jadis reproduit et commenté le débat dans le *Journal des Économistes*. Des industriels et cultivateurs du département du Nord, producteurs de colza et fabricants d'huile, usant de ce droit de pétition dont on sait en général si mal se servir, représentaient au gouvernement que l'on commençait à employer un produit, indigène il est vrai, et même extrait du sous-sol de leur région, mais dont ils n'étaient point, eux, les producteurs, et qui menaçait de leur faire une concurrence redoutable. Le gaz, puisqu'il faut l'appeler par son nom, donnait, d'après les pétitionnaires, un éclairage plus beau et moins cher que celui que l'on obtenait par l'emploi de l'huile végétale. Il fallait évidemment mettre ordre à cela. Si le gouvernement, ce qu'on avait peine à croire, était impuissant à empêcher les particuliers de préférer la lumière qui éclaire bien à celle qui éclaire mal, il pouvait, tout au moins, et l'on comptait bien qu'il n'y faillirait pas, en interdire l'emploi dans toutes les administrations, au nom de la routine qui est leur tradition, et refuser aux sociétés ou compagnies perturbatrices qui songeaient à mettre cette lumière à la disposition du public, les autorisations nécessaires pour se constituer et pour faire les travaux indispensables.

La Chambre des pairs fut saisie de cette affaire importante, et, malgré la plaisanterie de mauvais goût d'un de ses membres qui se permit de dire que les pétitionnaires n'étaient point amis des lumières, elle la discuta avec autant de gravité et de passion que s'il se fût agi du salut de l'État. Un ministre, M. de Bourienne, dut intervenir en personne pour faire écarter la prise en considération ; encore n'y parvint-il qu'en déclarant, avec une assurance un peu téméraire, que la nouvelle invention n'avait guère d'avenir. Il affirmait d'ailleurs que, dans le cas où par impossible elle en aurait, les plantes qui produisent l'huile n'auraient point à s'en préoccuper. Ne seraient-elles pas, au moins autant que le noir combustible qui les alarmait, à même de se transformer en gaz ?

Je le demande ou plutôt je le répète après M. Modeste, qui, le premier, en a fait la remarque, n'était-ce point là littéralement mettre en cause la lumière du soleil et demander protection contre la supériorité de ce brillant concurrent ? N'est-ce pas le soleil, comme l'a admirablement remarqué le grand Stephenson, qui a permis aux plantes des siècles passés de s'assimiler le carbone qui a formé la houille ? Et lorsque, pour nous éclairer ou pour nous chauffer, nous brûlons cette houille, n'est-ce pas l'antique chaleur et l'antique lumière que nous rappelons au jour pour notre usage ?

C'est le soleil des pays tropicaux également, plus chaud et plus vivifiant que le nôtre, qui mûrit loin de nous le cacao, le café, la banane, l'orange, l'ananas ; c'est lui qui entretient la végétation de l'acajou, du quinquina, du caoutchouc et de tous les produits que nous empruntons à l'Afrique, à l'Amérique ou à l'Asie. C'est sa chaleur et sa lumière que nous importons lorsque ces produits passent notre frontière. Les frapper de droits, pour les empêcher d'écraser de leur supériorité les produits indigènes plus ou moins analogues dont nous voulons soutenir les prix, c'est faire la guerre au soleil.

Bastiat avait donc raison et n'exagérait rien quand, avec sa bonne humeur et sa bonne grâce habituelles, il prenait pour types des protectionnistes conséquents, les marchands de chandelles, bougies, mouchettes et éteignoirs, coalisés pour conserver le monopole de l'éclairage, et leur faisait réclamer, au nom de leur travail national, comme les cultivateurs et fabricants d'huile de Lille au nom de leur travail personnel, la suppression, dans la plus large mesure possible, de la lumière du soleil. Supprimer le soleil, supprimer les machines, supprimer l'intelligence, supprimer l'adresse, supprimer l'activité, supprimer tout ce qui fait l'homme, c'est le dernier mot du système. On n'y échappe que par l'inconséquence.

XLIX

SERVICES GRATUITS

Il n'y a peut-être pas d'illusion plus trompeuse et plus féconde en funestes conséquences que celle qu'expriment ces mots. Il n'en est pas non plus qui soit plus explicable, plus naturelle, en présence de certains faits ; et c'est pourquoi il est de la dernière importance de ne rien négliger pour la dissiper.

« Toute peine, dit un des proverbes les moins contestables qui existent, mérite salaire. » Toute peine ; encore faut-il s'entendre ! Toute peine utile ; toute peine aboutissant à un résultat profitable à celui pour qui elle est prise, et motivant, de sa part, le prix auquel il la paye ou le service qu'il rend en échange.

Donner des coups de bâton à son voisin est un acte qui exige une certaine dépense de force, et qui, par conséquent, est une peine. Peine compensée, cela est possible, et au delà, pour celui qui la prend, par la satisfaction qu'il éprouve à exercer une vengeance ou à infliger un châtiment. — Mais si cette satisfaction peut, à la rigueur, paraître, à celui qui se la donne, un salaire qu'il se paye à lui-même pour sa peine, elle ne saurait, assurément, l'autoriser à réclamer du battu une rétribution. Si, parfois, il le fait ; si la morale politique, qui est l'immoralité par excellence, autorise l'agresseur victorieux à exiger du vaincu ce que l'on appelle le remboursement des frais de la guerre ; et s'il a pu devenir vulgaire de dire que les battus payent l'amende, ce n'est pas, assurément, du consentement des battus. Si on les consultait, ce seraient eux qui réclameraient une indemnité.

Faire un travail inutile, tourner une meule qui ne moud rien, mettre en mouvement une pompe qui rejette à mesure dans le réservoir où elle la puise l'eau qu'elle élève, c'est prendre une peine encore ; mais prendre une peine qui n'aboutit à rien, et de laquelle, si elle n'a pas un objet utile comme la démonstration de la supériorité d'un mécanisme, on ne recueille aucun avantage personnel, de même que l'on ne confère à autrui aucun avantage, autorisant à recevoir de lui une rémunération.

La peine qui mérite salaire, c'est la peine qui, par le résultat auquel elle conduit, épargne à celui qui la prend, ou à celui pour qui il la prend, une peine au moins équivalente. Si je pompe de l'eau pour mon alimentation, pour l'arrosage de mon jardin, pour le lavage de mon linge, j'ai, dans le service que je me rends, un salaire que je me paye à moi-même. Et si c'est à un autre que je rends ce service, cet autre trouve dans ce service l'équivalent, le payement, le salaire en d'autres termes, du service qu'il me rend à son tour ou du salaire qu'il me paye : peine pour peine ; service pour service.

Supprimez l'un de ces deux termes ; supposez que l'on exige de moi un service sans m'en rendre, ou que je prétende recevoir un service sans en rendre, donner de la peine aux autres sans en prendre moi même, leur faire dépenser leur temps, leur argent ou leur intelligence, sans leur en tenir compte : c'est une absurdité et une injustice.

Si cette iniquité et cette injustice s'exercent d'homme à homme ou d'un groupe d'hommes à un groupe d'hommes de façon visible, c'est un vol et une oppression qui tendent manifestement à l'appauvrissement et à la ruine de l'opprimé.

Si elle est exercée par un homme ou un groupe d'hommes à l'égard de l'ensemble de la société, c'est un impôt, un tribut, levé par cet individu ou ce groupe sur leurs concitoyens et qui tendent, qu'on le voie ou non, à diminuer l'ensemble des ressources sociales, c'est-à-dire, en réalité, à faire peser sur chacun de ceux qui contribuent à alimenter cet impôt, une charge non justifiée.

Qu'un service soit rendu par un homme à un autre, ou par la société sous le nom d'État, à tels ou tels de ses membres, il faut toujours que ce service soit payé. S'il n'est pas payé par celui qui le reçoit, c'est qu'il est payé par d'autres à sa place. Gratuit pour celui qui le reçoit, c'est possible ; rendu pour rien par celui qui le rend, c'est impossible.

Mais pourtant, dira-t-on, il y a dans toutes les sociétés, en nombre plus ou moins considérable, selon les temps et suivant les lieux, mais en nombre toujours considérable, des services pour lesquels on n'a aucune rétribution à fournir, des services gratuits et officiellement désignés sous ce nom.

L'instruction primaire en France est gratuite ; et gratuite aussi, dans une large mesure, l'instruction supérieure. On suit gratuitement des cours de la plus haute valeur, et gratuitement on a à sa disposition les collections les plus remarquables de machines, de modèles, de tableaux, d'antiquités. Les parcs et les jardins publics sont gratuits. L'usage des routes est gratuit. Et c'est gratuitement que l'on passe sur la plupart des ponts. Beaucoup ont commencé par être à péage. On a demandé partout leur rachat; et dans la plupart des cas, on l'a obtenu. On pourrait multiplier ces exemples et mentionner encore l'assistance gratuite, la médecine gratuite, etc.

Ce que voyant et se figurant que cette gratuité ne leur coûte rien, ne comprenant pas que « aux frais de l'État » veut dire « aux frais des contribuables qui alimentent la bourse de l'État », se payant en un mot d'apparence, et s'arrêtant à ce qui se voit sans aller jusqu'à ce qui ne se voit pas, une foule de gens demandent, à l'envi, que l'on étende, pour leur grand profit, la sphère de ces services gratuits. Chacun, naturellement, se préoccupe de ceux dont il a le plus habituellement besoin. Et c'est ainsi que les uns réclament la gratuité de la circulation sur les chemins de fer ; les autres, la gratuité des canaux ; d'autres, la gratuité des théâtres, de certains tout au moins qui seraient transformés en administrations publiques. Si bien que, de proche en proche, si l'on écoutait tout le monde, l'État, les départements et les communes se chargeraient de pourvoir à tous nos besoins, et naturellement ne nous demanderaient rien pour leur peine.

Rien pour leur peine ! Il faut s'entendre, encore une fois.

Et c'est ici que se rencontre le sophisme ou l'illusion, comme je le disais en commençant. C'est ici que derrière ce qu'on voit, on néglige ce qu'on ne voit pas et ce qu'il faut voir.

Non, assurément, lorsque nous entrons au Jardin des Plantes, au Conservatoire des Arts et Métiers, au musée du Louvre, on ne nous fait pas payer à la porte en tant que visiteurs. Mais que nous y allions ou que nous n'y allions pas, que nous y allions peu ou beaucoup, on nous fait payer, ailleurs, dans d'autres endroits, en qualité de contribuables. Car ce 'n'est pas sans qu'il en coûte cher que l'on entretient les bâtiments où l'on abrite les machines, les tableaux, les animaux et les plantes. Et il y a, pour administrer ces établissements, toute une série de fonctionnaires gros et petits, directeurs, inspecteurs, professeurs, jardiniers, gardiens et employés qui ne vivent point de l'air du temps.

Le tout monte à un assez joli total. — Pour qu'on ait pu l'inscrire au budget des dépenses, il a fallu l'inscrire au budget des recettes, autrement dit le prendre, par francs et par centimes, dans la poche de tout le monde, tout le long de l'année au lieu de le prendre, à certain jour et par somme déterminée, dans la poche de ceux-là seuls qui, jouissant de l'institution et appréciant le service, auraient payé volontairement et sciemment leur quote-part, au moment où ils le réclamaient. C'est encore ainsi que tous, dans une ville, nous contribuons, peu ou beaucoup, selon nos ressources, aux frais d'éclairage, bien que jamais on ne nous présente la note pour les réverbères, le gaz ou l'électricité de notre rue ou de notre quartier, comme on nous la présente dans la maison dont nous sommes propriétaires ou dont nous sommes locataires, à moins que le propriétaire, qui en fait l'avance, n'en mette la restitution dans sa facture qui s'appelle le loyer.

De même pour tout le reste. Nous ne payons pas quand nous passons sur la route ou quand nous franchissons une rivière sur un pont ; mais que nous en usions ou que nous n'en usions pas, que nous en usions peu ou beaucoup, nous payons le service des ponts et chaussées et le service vicinal, par les soins desquels routes, chemins et ponts sont entretenus.

A vrai dire, cette manière de subvenir à la dépense n'est pas absolument irréprochable. Elle fait payer même ceux qui ne profitent pas du service, et elle ne fait pas payer ceux qui en profitent dans la mesure exacte de la part qu'ils en reçoivent. Le système du pont à péage est, au point de vue de la rigoureuse justice, l'idéal du genre.

Un entrepreneur particulier, une Compagnie, une commune, un département ou l'État mettent à la disposition du public un moyen de communication qui n'existait pas. Ils font, pour cela, des frais dont il faut qu'ils soient couverts. Et, pour s'en couvrir, ils perçoivent de chacun de ceux qui veulent se servir du moyen de communication nouveau, une rétribution légère. Quoi de plus équitable, de plus naturel et de moins arbitraire ? Si c'est un impôt, on peut bien dire que c'est un impôt modèle, un impôt absolument volontaire ; car personne n'est contraint de se servir de cette voie nouvelle ; chacun peut, s'il le préfère, prendre les anciennes directions. Si, pour gagner un ou plusieurs kilomètres, celui-ci ou celui-là vient déposer ses dix ou quinze centimes au guichet du buraliste, c'est que, dans sa pensée, l'économie de temps et de fatigue représente, pour lui, un bénéfice au moins équivalent. C'est la perfection, encore une fois, au point de vue de l'équité. Ce n'est point la perfection au point de vue de la commodité.

On peut, au moment de passer au bureau, s'apercevoir qu'on n'a pas dans sa poche le décime réglementaire, et, par suite, être obligé de retourner sur ses pas ; c'est parfois un gros dommage. On trouve ennuyeux, à la longue, de toujours mettre la main à la poche ; et l'on finit par se figurer, en calculant combien de fois on a eu à acquitter le tribut dans le cours de l'année, que l'on paye bien cher pour un service dont l'habitude finit par faire oublier la valeur. Finalement, on demande le rachat, et on l'obtient. Mais on ne l'obtient pas gratis, encore une fois, puisqu'il faut d'abord que le concessionnaire évincé soit désintéressé, et ensuite que l'entretien du pont, dont il cesse d'être chargé, soit assuré par d'autres moyens.

Même réflexion pour les routes qui, dans bien des pays, et notamment en Angleterre, ont été d'abord et pendant longtemps, entretenues au moyen de taxes perçues de distance en distance à des barrières qui interceptaient la circulation.

De même des jardins publics, aux portes desquels on payait (on paye quelquefois encore), comme on paye à la porte des établissements particuliers, et qui n'en coûtent pas moins cher pour être soumis au régime de l'entrée libre.

La commune, si c'était elle qui les entretenait, pourvoyait à la dépense avec le prix des entrées payantes ; elle y pourvoit désormais avec le produit des impositions communales.

On le voit donc. Pour certains services, par des considérations de diverses natures, pour en faciliter l'usage, pour en faire jouir indistinctement le pauvre comme le riche, pour encourager au profit de la santé, de la morale, des récréations de famille, le goût de la promenade ou celui des visites instructives, on peut préférer un mode de payement à un autre. On peut, au lieu de recourir à des perceptions spéciales et individuelles, au moment même où chacun use du service, recourir à une taxation générale, impersonnelle, et faire rentrer dans la catégorie des services publics ce qui, autrement, serait resté dans la catégorie des services privés.

Rien de mieux si, réellement, les raisons de cette préférence sont bonnes et si le public, qui est appelé à payer, les trouve bonnes et estime qu'on lui en donne pour son argent.

Mais qu'on ne lui dise pas qu'en le faisant payer autrement on le dispense de payer, et qu'il ne soit pas assez naïf pour se figurer qu'en cessant de lui dire ce que lui coûte le service mis à sa disposition, on lui fait cadeau du montant. On ne lui fait cadeau de rien; il se pourrait bien même qu'au lieu de diminuer la charge on l'eût augmentée. Il se pourrait aussi que, sous le prétexte qu'ils sont gratuits, on lui imposât, comme des cadeaux, des services dont il se serait passé, si on lui avait présenté la note à l'avance, et qui, en réalité, lui sont onéreux.

Il n'y a point de gratuité; il n'y a que des façons différentes de payer. Et, quelquefois, hélas! la prétendue gratuité n'est qu'un artifice au moyen duquel on entretient un coûteux mécanisme administratif, et l'on développe les impôts. Les fonctionnaires émargent, les contribuables payent; mais ils ont la satisfaction de s'entendre dire que c'est gratis.

En honnêtes contribuables qu'ils sont, accoutumés à se nourrir de viandes creuses et à se payer de mots, ils applaudissent et ils demandent que l'on continue. Et c'est ainsi, Jacques Bonhomme, mon ami, que plus c'est gratuit et plus c'est cher.

I

UTOPISTES ET GENS PRATIQUES

Je voudrais bien qu'une fois pour toutes, on me dit ce qu'il faut entendre par utopie, et que, du même coup, on m'apprît en quoi consiste l'esprit pratique.

Car enfin, si nous jetons les yeux autour de nous, que de choses, outils, machines, procédés, découvertes scientifiques, merveilles de la médecine ou de la chirurgie, célébrés, à juste titre, comme des bienfaits, qui, hier ou avant-hier, étaient considérés comme absolument chimériques ! Les rêves les plus audacieux de nos pères sont devenus, dans bien des cas, les banalités de nos jours. La photographie, le phonographe, le télégraphe électrique, le téléphone, réalisent et dépassent les imaginations des contes de fées. Et, combien de ceux à la mémoire desquels nous élevons des statues et que nous honorons comme les plus pures gloires de l'humanité, n'ont d'autre titre à notre reconnaissance et à notre admiration que d'avoir, en leur temps, bravé les sarcasmes et les injures de leurs incrédules contemporains, c'est-à-dire d'avoir vu, avant les autres, ce qui pouvait et devait être ; d'avoir eu foi dans l'avenir au lieu de se renfermer dans le passé, d'avoir été, en un mot, des utopistes ?

Utopie, — on l'a dit tant de fois, qu'on ose à peine le répéter, — les chemins de fer et la navigation à vapeur! Utopie, le percement des isthmes et des montagnes ! Utopie, la suppression de la douleur ! Utopie, dans un autre ordre d'idées, l'abolition de l'esclavage, la liberté de conscience, l'égalité civile et politique, et l'abandon de ce procédé, jadis indispensable, d'informations, la torture ! Utopie, de même aujourd'hui, tout ce qui, entrevu par les esprits avides de justice et de progrès, désiré au fond par la conscience confuse du genre humain, mais non réalisé encore, se dispute l'opinion, s'agite entre la négation des uns et l'affirmation des autres et peu à peu s'avance vers la limite qui sépare ce qui n'est pas encore de ce qui va être.

Utopie aussi, il faut bien le dire, ce qui ne pourra jamais être. Utopie, le mouvement perpétuel. Utopie, l'élixir de longue vie et la prolongation indéfinie de l'existence humaine. Utopie, l'égalité absolue des tailles, des forces, des intelligences, et, par suite, des conditions d'existence. Utopie, le pays de Cocagne, dans lequel on aurait tout sans rien faire pour l'obtenir, et d'où seraient bannis à la fois l'effort et le mérite.

C'est que le mot, à vrai dire, a deux sens que trop souvent on confond. Au sens primitif, étymologique, il veut dire simplement ce qui n'existe pas. Dans un sens à la fois plus étendu et plus restreint, il veut dire ce qui ne peut pas exister. La différence est grande ; et, à ne point la faire, on risque tout simplement d'être ce dont on se défend le plus, un esprit dépourvu de sens pratique.

Qu'est-ce, en effet, qu'avoir le sens pratique ? Est-ce se renfermer étroitement dans ce qui existe, se contenter des choses telles qu'elles sont, se refuser à toute amélioration, c'est-à-dire à toute utilisation pratique de ce qui est ? N'est-ce pas, au contraire, savoir tirer parti de ce qui existe, développer les ressources qu'on possède, féconder la terre, améliorer les espèces végétales et animales, trouver aux forces de la nature des applications encore non entrevues, accroître, en un mot, par un meilleur emploi de la vie, le rendement de la vie ?

N'est-ce pas surtout, puisque les hommes sont les instruments par excellence de leur destinée, améliorer les hommes, rectifier leurs idées, dissiper leurs erreurs et leurs préjugés, apaiser leurs haines et leurs violences, mettre dans leurs rapports plus de justice, de sagesse et d'harmonie ?

On entend dire constamment, lorsque telle ou telle réforme est réclamée : cela serait excellent ; mais cela est impossible, parce que les hommes ne le comprennent pas. Oui, cela est impossible aussi longtemps que les hommes se refusent à le comprendre ; cela sera non seulement possible, mais facile et tout simple, le jour où, l'ayant compris, ils le voudront.

Avoir la prétention de faire sortir de terre en un instant des moissons et des arbres chargés de fruits, c'est insensé. Semer, planter et attendre, en continuant à surveiller et à soigner la plante qui lève et l'épi qui se gonfle, c'est être sage et pratique.

LI

ON NE CHANGE PAS LE MONDE

« On ne change pas le monde. Les hommes sont ce qu'ils sont ; et tous les plus beaux discours n'y peuvent rien. » — Paroles avec lesquelles on se console du mal qui subsiste ; paroles avec lesquelles, surtout, on s'excuse de ne rien faire pour combattre ou diminuer le mal.

Changer le monde ! pensez-y donc ! Transformer les hommes, mettre dans leur esprit plus de lumière, dans leur cœur plus d'indulgence et de bienveillance : mais ce seraient des miracles, cela ; et l'on n'en fait plus !

Qu'on me permette, pour toute réponse, de raconter une fois de plus — je l'ai déjà conté devant des auditoires différents — l'entretien que j'eus un jour, — il y a bien longtemps, en 1868, — avec l'un des plus éminents prélats de l'Eglise de France, le cardinal Landriot, archevêque de Reims.

J'avais eu, l'année précédente — comme secrétaire général de la ligue de la paix récemment fondée — à envoyer aux évêques et archevêques, comme à d'autres notabilités, une circulaire, par laquelle il était fait appel à leur influence et à leur concours.

Quelques-uns, en trop petit nombre, avaient répondu, très sympathiques, mais se défendant de prendre part à toute manifestation publique. Parmi eux, le cardinal Landriot, avec lequel j'avais eu pour d'autres sujets l'occasion de correspondre, exprimait le regret de ne pouvoir causer avec moi, la chose étant, disait-il, de celles qu'il était difficile de traiter convenablement par lettre.

Ayant été, vers la fin de 1868, sur la demande de mon ami M. Jean Dollfus, faire une tournée de conférences en Alsace et en Suisse ; et ayant, au retour, passé par Metz et par Reims où m'appelait la *Société Industrielle*, j'en profitai pour aller demander au Cardinal les explications qu'il n'avait pu m'écrire. Je fus reçu avec la plus bienveillante courtoisie; et le Cardinal, après m'avoir entendu, voulut bien me dire que rien n'était plus désirable que le succès des efforts auxquels mes amis et moi croyions devoir nous livrer. Mais il ajouta que rien, en même temps, n'était plus difficile. Et que, les hommes étant ce qu'ils étaient, l'on ne pouvait guère espérer substituer aux brutales solutions de la guerre des procédés moins barbares et moins déraisonnables. Pour changer les habitudes des hommes, ajouta-t-il, il faudrait commencer par changer les hommes.

« Sans doute, Monseigneur, répondis-je, il faut changer les hommes. Et c'est précisément ce que nous vous demandons, à vos collègues et à vous, de nous aider à faire. »

« Oh! changer les hommes! reprit le Cardinal; mais ce sont des miracles, cela; et l'on n'en fait plus ! »

« Pardon, repris-je à mon tour en souriant, on en

fait encore ; à preuve que, moi qui vous parle, j'en ai fait deux cette semaine. »

Il me fut facile de voir, à la façon dont le prélat me regarda, qu'il pensait que ma tête avait quelque peu déménagé. Je ne m'en émus point, et je continuai.

« Oui, j'en ai fait deux cette semaine ; et je vous en fais juge.

« J'étais à Metz. Les chefs d'un grand établissement industriel du voisinage vinrent me demander d'aller faire une conférence à leurs ouvriers. — On m'avait dit beaucoup de mal de cette maison, des ouvriers comme des patrons. — Ce fut une raison de plus d'y aller, peut-être aussi de prendre pour sujet le relèvement par l'instruction et par la moralité. — A ma grande surprise, à ma plus grande satisfaction, je fus admirablement écouté ; hommes et femmes, lorsque j'eus terminé, vinrent me prendre les mains en me remerciant. — Et ce ne fut pas une vaine démonstration ; car le lendemain matin, comme j'avais cité Franklin et son conseil de mettre chaque jour un sou de côté, on décidait dans les ateliers de mettre le sou de côté, pour voir si Franklin et moi avions eu tort de dire qu'avec cela on pouvait faire quelque chose.

« Petit miracle ! n'est-ce pas, Monseigneur ? ajoutai-je. Miracle d'un sou ; mais enfin miracle, d'après votre définition. »

« C'est vrai, fit-il ; le changement des cœurs est le miracle par excellence. »

Je poursuivis. — « Le lendemain soir, je parlais de nouveau à Metz. J'y traitai du travail. Comme j'allais me retirer, je fus arrêté : d'un côté par une députation des ouvriers de la veille, venus tout exprès pour me renouveler leurs remerciements ; de l'autre, par l'un des chefs de la maison, accompagné de sa femme, qui, après quelques compliments, me dit que j'avais touché dans ma conférence une question bien grave : celle de la réduction des heures de travail.

« J'en avais parlé, en effet, avec discrétion, mais avec conviction ; considérant que si la réduction des heures de travail, par voie législative et par mesure uniforme, est une chose arbitraire et dangereuse, la réduction volontaire, à la mesure que comporte le genre d'industrie auquel elle s'applique, est dans l'intérêt des patrons comme dans celui des ouvriers, et qu'à un nombre d'heures moindre, peut et doit souvent correspondre une production meilleure et plus considérable. »

On sait que je n'ai jamais cessé depuis de professer cette opinion, et que, si je me vante d'être un des premiers qui ont compris la valeur de la formule des *Trois-huit*, je persiste à penser qu'il n'appartient point au législateur d'en généraliser l'application par voie d'autorité et d'une façon uniforme. L'homme est un être ondoyant et divers, comme dit Montaigne ; et les conditions du travail diffèrent de localité à localité, d'industrie à industrie, d'atelier à atelier, de famille à famille et d'individu à individu.

Mon interlocuteur continua. « La question, me dit-il, nous a déjà préoccupés ; ce que vous venez de dire nous décide à la remettre sérieusement à l'étude. Et pour commencer et vous prouver que vous n'avez point parlé dans le désert, à dater d'aujourd'hui, dans tous les ateliers qui ne sont point à feu continu, nous supprimons le travail du dimanche. »

« Ces Messieurs sont israélites, fis-je observer au Cardinal, après lui avoir rapporté cette conversation ; et j'ai obtenu d'eux, par quelques paroles que je ne savais même pas s'adresser à eux, ce que vous n'obtenez pas toujours des industriels dont vous êtes le chef spirituel. Avouez que mon second miracle vaut bien le premier. »

« C'est vrai, me dit-il en me tendant la main ; et je vous souhaite de continuer. »

« Eh bien, Monseigneur, fis-je pour conclure, de ces petits miracles qui sont plus ou moins à notre portée aux uns et aux autres, si nous en faisions, tous tant que nous sommes, seulement un par semaine ou par mois et même moins, est-ce que le monde ne serait pas bientôt changé ? — Car le monde, c'est nous tous ; et pour le changer, il n'y a qu'à nous changer nous-mêmes. — Si l'on y réussit si peu et si mal, c'est que l'on ne sait pas s'y prendre. Les uns, pleins de bonne volonté, mais non moins pleins d'illusions, veulent tout transformer à la fois : ils y épuisent leurs forces et n'obtiennent aucun résultat. Les autres, voyant l'impuissance de ces efforts mal dirigés, se disent qu'il est inutile d'essayer de rien faire et se renferment dans leur indifférence et leur tranquillité. — C'est en détail, pièce à pièce, et jour par jour, qu'il faut attaquer le mal et faire le bien. Aucun de nous, comme je l'ai dit, n'est capable de transporter, en une fois, un grand arbre ou un énorme bloc de pierre ; mais chacun de nous, en divisant l'arbre ou la pierre, peut arriver à les déplacer facilement.

« De petits coups de hache répétés abattent un grand

chêne, a dit Franklin, et à force de le mordre avec ses petites dents, un souris coupe un gros câble. »

Pas trop à la fois; pas avec impatience, mais un peu chaque jour et avec persévérance; et, n'en déplaise aux pessimistes et aux sceptiques, nous changerons le monde.

Je clôrai sur ce récit et sur ces réflexions, chers lecteurs, cette première série de mes escarmouches contre la piperie des mots.

Puisse-t-elle, comme je le souhaite, n'avoir point été inutile!

Puisse-t-elle, en détruisant quelques erreurs, en combattant quelques préjugés, en éclaircissant quelques obscurités, en dissipant quelques doutes et en fortifiant quelques convictions, contribuer, pour si peu que ce soit, à diminuer nos souffrances et nos fautes et à augmenter nos progrès et nos mérites!

Ce serait un miracle, je le sais; mais je viens de dire pourquoi je ne désespère pas de la possibilité d'accomplir des miracles.

TABLE DES MATIÈRES

Préface v
I. — Constitution et Révolution 1
II. — Le grand banquet de la nature 5
III. — Un déjeuner dans les montagnes Rocheuses. 11
IV. — Deux et deux font quatre. 16
V. — Aujourd'hui est le père de demain 23
VI. — Les déshérités 28
VII. — Cela ne me regarde pas, c'est l'affaire des boulangers. 35
VIII. — Les intermédiaires 38
IX. — Quand le bâtiment va, tout va. 46
X. — Les accapareurs 49
XI. — Le gouvernement doit nourrir le peuple . . 59
XII. — Tous les hommes sont égaux 69
XIII. — Le profit de l'un et le dommage de l'autre. . 73
XIV. — L'amour de la patrie..., c'est la haine de l'étranger 80
XV. — OEuvres serviles; roturiers et manants . . . 86

XVI. — Être tributaire de l'étranger		90
XVII. — Usure		96
XVIII. — Le mot et la chose		101
XIX. — La stérilité de l'argent		107
XX. — L'instruction intégrale		111
XXI. — L'abominable doctrine du laissez-faire		114
XXII. — Les deux morales		119
XXIII. — La fin justifie les moyens		123
XXIV. — Si les riches ne dépensaient pas, les pauvres mourraient de faim		126
XXV. — Le luxe		131
XXVI. — Le mépris de la vie		138
XXVII. — Il n'y a pas de fumée sans feu		142
XXVIII. — On produit trop		146
XXIX. — Le pays a besoin d'une saignée		153
XXX. — L'ouvrier avec son salaire ne peut acheter son produit		157
XXXI. — Si vis pacem, para bellum		161
XXXII. — L'inépuisable réservoir de l'avenir		165
XXXIII. — L'amortissement		173
XXXIV. — Dette d'honneur, affaire d'honneur		178
XXXV. — L'infâme capital		183
XXXVI. — La loi d'airain du salariat		187
XXXVII. — Cela fait aller le commerce		193
XXXVIII. — Qui casse les verres les paye		197
XXXIX. — Matières premières et produits fabriqués		202
XL. — Tout homme a le droit de vivre		207
XLI. — Les gens qui ne travaillent pas		210

XLII. — Pas de chance	215
XLIII. — Les machines suppriment le travail	218
XLIV. — Les machines produisent de la force	228
XLV. — Il n'y a pas grand mal, tout était assuré	233
XLVI. — La richesse, c'est le travail	238
XLVII. — Il faut protéger le travail national	245
XLVIII. — La lumière nationale et le soleil	253
XLIX. — Services gratuits	258
L. — Utopistes et gens pratiques	267
LI. — On ne change pas le monde	270

Compiègne. — Imprimerie HENRY LEFEBVRE, rue de Solferino, 31.

LIBRAIRIE CH. DELAGRAVE
15, RUE SOUFFLOT, PARIS

| LA TYRANNIE SOCIALISTE | LES PRINCIPES DE 89 ET LE SOCIALISME |

PAR

YVES GUYOT

Chaque vol. in-12, broché............ 1 25

PRÉCIS D'ÉCONOMIE POLITIQUE

PAR

PAUL LEROY-BEAULIEU
MEMBRE DE L'INSTITUT

1 vol. in-12, broché................... 2 50
—   relié toile................... 3 »

COURS D'HYGIÈNE
RÉDIGÉ CONFORMÉMENT AUX PROGRAMMES DES ÉCOLES NORMALES

PAR

le Dr H. L. THOINOT
AVEC PRÉFACE DU
Dr BROUARDEL

1 vol. in-12, cartonné................ 2 »

L'AN 1789

PAR

HIPPOLYTE GAUTIER

1 vol. grand in-4° renfermant 650 gravures dont 100 tirées à part sur papier vélin en noir ou en couleurs, reproduisant des estampes, tableaux ou vignettes de la fin du XVIIIe siècle, 4 cartes de la France de 1789 et des plans de Paris.

Prix broché, avec couverture de luxe, parchemin gaufré, titre doré. 50 »
Relié demi-chagrin, fers spéciaux, tranches dorées........ 65 »

IMP. NOIZETTE, 8, RUE CAMPAGNE-PREMIÈRE, PARIS.

www.ingramcontent.com/pod-product-compliance
Lightning Source LLC
Chambersburg PA
CBHW070753170426
43200CB00007B/766